# Quinze contes africains

**Apprenez et pratiquez les temps du passé
à travers les contes africains – niveau A2.**

**Adaptation des textes et images :**   **Boris Ehret**
**Voix :**   **Imane Fofana**

Bibliografische Information der Deutschen Nationalbibliothek: Die Deutsche Nationalbibliothek verzeichnet diese Publikation in der Deutschen Nationalbibliografie; detaillierte bibliografische Daten sind im Internet über http://dnb.dnb.de abrufbar.

© 2025 Boris Ehret
Verlag: BoD · Books on Demand GmbH, In de Tarpen 42, 22848 Norderstedt, bod@bod.de

Druck: Libri Plureos GmbH, Friedensallee 273, 22763 Hamburg

ISBN: 978-3-7693-0166-3

*Image de couverture créée avec Midjourney. Toutes les illustrations du livre ont été générés avec Midjourney et DALL-E 3.*

*Voix : Imane Fofana*

## Table des matières

**Grammaire**

**Les 15 contes africains**

# Théorie

# L'indicatif passé composé

| être / avoir à l'indicatif présent + | le participe passé | | j'ai parlé |
|---|---|---|---|

## 1.   Le participe passé:

*Tu supprimes la terminaison de l'infinitif et tu ajoutes les terminaisons du participe passé :*

| Les verbes en - **er** | - é | regard**é** |
|---|---|---|
| Les verbes en - **re** | - u | vend**u** |
| Les verbes en - **ir** | - i | fin**i** |

## Attention - Il y a beaucoup d'exceptions :

| Avoir | - | j'ai **eu** | | Être | - | j'ai **été** |
|---|---|---|---|---|---|---|
| S'asseoir | - | je me suis **assis(e)** | | Naître | - | je suis **né(e)** |
| Boire | - | j'ai **bu** | | Ouvrir | - | j'ai **ouvert** |
| Conduire | - | j'ai **conduit** | | Pleuvoir | - | il a **plu** |
| Connaître | - | j'ai **connu** | | Pouvoir | - | j'ai **pu** |
| Courir | - | j'ai **couru** | | Prendre | - | j'ai **pris** |
| Croire | - | j'ai **cru** | | Recevoir | - | j'ai **reçu** |
| Devoir | - | j'ai **dû** | | Rire | - | j'ai **ri** |
| Dire | - | j'ai **dit** | | Savoir | - | j'ai **su** |
| Écrire | - | j'ai **écrit** | | Suffire | - | j'ai **suffi** |
| Faire | - | j'ai **fait** | | Suivre | - | j'ai **suivi** |
| Falloir | - | il a **fallu** | | Tenir | - | j'ai **tenu** |
| Lire | - | j'ai **lu** | | Valoir | - | il a **valu** |
| Mettre | - | j'ai **mis** | | Venir | - | je suis **venu(e)** |
| Mourir | - | je suis **mort(e)** | | Vivre | - | j'ai **vécu** |
| | | | | Vouloir | - | j'ai **voulu** |

## 2. être ou avoir ?

*Tu formes le **passé composé** avec **être**:*

## 2.1. avec les 13 verbes de l'hôpital *(13 verbes, dont 5 paires d'opposés)*

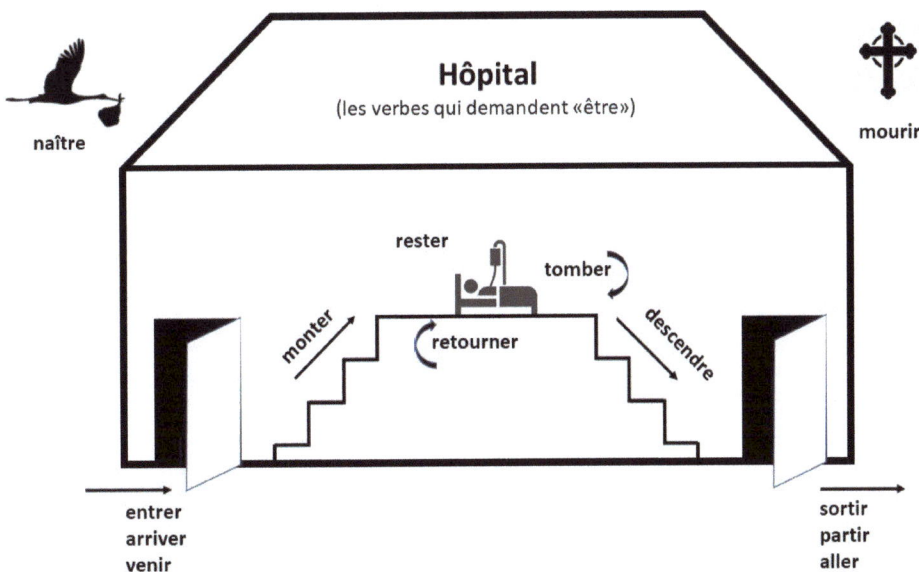

| | | |
|---|---|---|
| Naître | - | Mourir |
| Venir | - | Aller |
| Arriver | - | Partir |
| Entrer | - | Sortir |
| Monter | - | Descendre |

+ Tomber, Retourner, Rester

## 2.2. Avec tous les verbes pronominaux *(alle Reflexifverben)*

**Exemples :**

| | | |
|---|---|---|
| s'habiller | (sich anziehen) | Je me **suis** habillé(e) |
| se laver | (sich waschen) | Tu t'**es** lavé(e) |
| s'informer | (sich informieren) | Elle s'**est** informée |
| se cacher | (sich verstecken) | Nous nous **sommes** cachés |
| se dépêchér | (sich beeilen) | Vous vous **êtes** dépêchés |
| se reposer | (sich ausruhen) | Elles se **sont** reposées |
| se réveiller | (erwachen) | Je me **suis** réveillé(e) |
| se disputer | (sich streiten) | Nous nous **sommes** disputés |
| se lever | (sich erheben) | Vous vous **êtes** levés |
| se connaitre | (sich kennen) | Ils se **sont** connus |

## 3. L'accord du paricipe passé

**3.1.** *Pour tous les verbes qui forment le* *passé composé* *avec* **être***, le participe passé s'accorde en genre et en nombre avec le* **sujet***.*

| | | |
|---|---|---|
| Il est né. | - | Elle est né**e**. |
| Il est parti. | - | Nous sommes parti**s**. |
| Il est venu. | - | Elles sont venu**es**. |
| Il s'est endormi. | - | Elle s'est endormi**e**. |

**3.2.** *Pour tous les verbes qui forment le* *passé composé* *avec avoir, le Participe Passé s'accorde en genre et en nombre avec le* **COD** *(Akkusativ Objekt) si le* **COD** *se trouve avant le verbe.*

(La pomme)... Je l'ai mangé**e**.
La pomme que j'ai mangé**e**...
Combien de pommes as-tu mangé**es** ?

# L'indicatif imparfait

*Tu prends la forme "****nous****" de l'indicatif présent, tu supprimes la terminaison* **-ons** *et tu ajoutes les terminaisons de l'imparfait :*

Nous parl~~ons~~

| | |
|---|---|
| **-ais** | je parlais |
| **-ais** | tu parlais |
| **-ait** | il parlait |
| **-ions** | nous parlions |
| **-iez** | vous parliez |
| **-aient** | ils parlaient |

**Attention** - Une seule exception : **Être**

| | |
|---|---|
| J'étais | Nous étions |
| Tu étais | Vous étiez |
| Il était | Ils étaient |

**Exercice 1: Trouve l'indicatif passé composé et l'indicatif imparfait de ces verbes.**

1. Tenir, 3e pers. plur. : _____ _____

2. Dire, 1e pers. sing. : _____ _____

3. Payer, 2e pers. plur. : _____ _____

4. Vivre, 3e pers. sing. : _____ _____

5. Pleuvoir, 3e pers. sing. : _____ _____

6. Changer, 1e pers. plur. : _____ _____

7. Traduire, 2e pers. sing. : _____ _____

8. S'appeler, 3e pers. plur. : _____ _____

9. Acheter, 1e pers. plur. : _____ _____

10. Aller, 2e pers. plur. : _____ _____

11. Nettoyer, 3e pers. sing. : _____ _____

12. Lire, 1e pers. sing. : _____ _____

13. Faire, 2e pers. plur. : _____ _____

14. Vouloir, 3e pers. plur. : _____ _____

15. Mourir, 1e pers. plur. : _____ _____

16. Attendre, 2e pers. sing. : _____ _____

17. Avoir, 3e pers. sing. : _____ _____

18. Écrire, 1e pers. plur. : _____ _____

19. Sortir, 2e pers. plur. : _____ _____

20. Manger, 3e pers. plur. : _____ _____

21. Être, 1e pers. sing. : _____ _____

22. Jeter, 2e pers. plur. : _____ _____

23. Boire, 3e pers. plur. : _____ _____

24. Mettre, 1e pers. sing. : _____ _____

25. Offrir, 2e pers. sing. : _____ _____

26. Venir, 3e pers. sing. : _____ _____

27. Construire, 1e pers. plur. : _____ _____

28. Savoir, 2e pers. plur. : _____ _____

**Exercice 2: Trouve l'indicatif passé composé et l'indicatif imparfait.**

1.  Choisir, 2e pers. sing. : _____  _____

2.  Faire, 3e pers. plur. : _____  _____

3.  Voir, 1e pers. sing. : _____  _____

4.  Sortir, 3e pers. sing. : _____  _____

5.  Avoir, 2e pers. plur. : _____  _____

6.  Apprendre, 1e pers. plur. : _____  _____

7.  Venir, 3e pers. plur. : _____  _____

8.  Essayer, 1e pers. sing. : _____  _____

9.  S'asseoir, 2e pers. sing. : _____  _____

10. Pleuvoir, 3e pers. sing. : _____  _____

11. Conduire, 3e pers. plur. : _____  _____

12. Mourir, 2e pers. plur. : _____  _____

13. Écrire, 1e pers. plur. : _____  _____

14. Payer, 3e pers. sing. : _____  _____

15. Devoir, 1e pers. sing. : _____  _____

16. Envoyer, 3e pers. plur. : _____  _____

17. Boire, 1e pers. plur. : _____  _____

18. Connaître, 2e pers. plur. : _____  _____

19. Se promener, 3e pers. sing. : _____  _____

20. Partir, 2e pers. plur. : _____  _____

21. Savoir, 1e pers. plur. : _____  _____

22. Acheter, 3e pers. plur. : _____  _____

23. Manger, 1e pers. sing. : _____  _____

24. Nettoyer, 2e pers. sing. : _____  _____

25. Attendre, 3e pers. sing. : _____  _____

26. Plaire, 1e pers. plur. : _____  _____

27. Ranger, 2e pers. plur. : _____  _____

28. Traduire, 3e pers. sing. : _____  _____

# Faut-il utiliser
# le passé composé ou l'imparfait ?

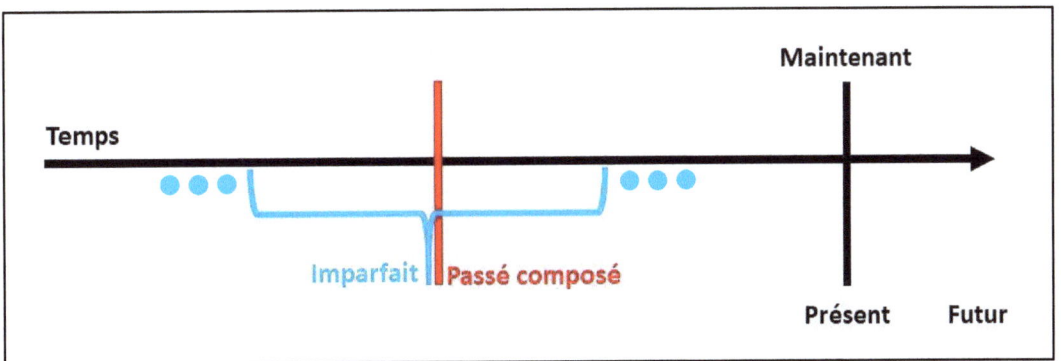

# 1. Le passé composé

Dans le **passé composé**, le locuteur (*la personne qui parle*) voit le passé **limité dans le temps**.

Le locuteur raconte
- Les événements et les actions avec un **début** et/ou une **fin** claire
- Des **actions uniques** et des actions successives (chaîne d'actions)
- Des actions qui se répètent de manière limitée dans le temps.

Le Passé Composé donne des réponses aux questions suivantes :
**"Que s'est-il passé à ce moment-là ?"**
**"Et ensuite ?"**
**"Et ensuite ?"**

**Signalwörter:**
Les mots suivants indiquent souvent que tu dois utiliser le **passé composé** :

- après                   (dann, danach)
- d'abord             (zuerst)
- enfin                   (schliesslich)
- ensuite            (dann, danach, anschliessend)
- puis                     (dann)
- tout à coup       (plötzlich)
- un jour             (eines Tages)
- le 3 février       (genaues Datum, genauer Zeitpunkt)

# 2. L'imparfait

Dans l'imparfait, le locuteur ne voit pas le passé limité dans le temps, c'est-à-dire que le début et la fin sont masqués, ils ne l'intéressent pas.

Le locuteur **décrit**
- Les **situations** et les circonstances qui les accompagnent
- Ce qui **se répète** ou se déroule en parallèle.

Le locuteur donne des informations
- Des **explications**
- Des **commentaires**
- Des **justifications**.

L'imparfait donne des réponses aux questions suivantes :
**"C'était comment avant ?"**
**"Qu'est-ce qui s'est passé pendant tout ce temps ?"**
**"Qu'est-ce que les gens avaient l'habitude de faire" ?**

**Signalwörter:**
Les mots suivants indiquent souvent que tu dois utiliser l'imparfait :

- autrefois                       (früher)
- avant                           (vorher)
- chaque fois que                 (jedes Mal wenn)
- chaque jour/matin/soir          (jeden Tag/Morgen/Abend)
- comme d'habitude                (wie üblich)
- d'habitude                      (normalerweise)
- pendant que                     (während)
- tout le temps / toujours        (die ganze Zeit)
- tous les jours                  (jeden Tag)
- souvent                         (oft)
- régulièrement                   (regelmässig, immer und immer wieder)
- de temps en temps               (von Zeit zu Zeit)

---

**Remarque:** l'allemand ne connaît pas la différence entre le passé composé et l'imparfait. Mais des fois on remarque quand même une différence.

Exemple:  Am ersten Schultag habe ich meine zukünftige Partnerin kennen gelernt.
   => was ist passiert?          =>   **Passé composé**
   Le premier jour de l'école, j'**ai connu** ma future femme.

   Als ich jung war, kannte ich alle Kinder aus dem Dorf.
   => wie war es? Zustand        =>   **Imparfait**
   Quand j'étais jeune, je **connaissais** tous les enfants du village.

# La chèvre et le vieillard[1]
## (Conte du Mali)

Il y a très longtemps, dans un petit village avec des arbres

partout, _____ (1 - vivre) seul un vieil homme laid

avec une chèvre. Il l'_____ (2 - aimer) beaucoup.

La chèvre _____ (3 - être) très vieille mais elle ne _____ (4 -

pas mourir) parce qu'elle l'_____ (5 – aimer). Le vieil homme

_____ (6 - vouloir) des enfants.

Un jour, quand le vieil homme _____ (7 - aller) couper du bois, sa chèvre,

pour lui montrer son amour, _____ (8 - aller) voir le génie[2] de l'arbre.

Quand elle _____ (9
- arriver), le génie

_____ (10 -
demander):

"Qu'est-ce que tu veux, petit animal
?"

"Je veux rendre mon maître
heureux."

"Comment est-ce que je peux
t'aider ?"

"Mon maître veut des enfants et je
veux lui en apporter."

Alors le génie _____

(11 - réfléchir) et _____ (12 - dire) :

"Je peux te transformer en femme."

La chèvre _____ (13 - être) très heureuse à l'idée de rendre le vieil homme

heureux.

C'est à ce moment que le génie _____ (14 - dire) une phrase bizarre :

---

[1] Un vieillard : un vieil homme.
[2] Un génie : un être fantastique avec des pouvoirs magiques.

*"Kalakou, Kalakou, bérékoukiiiiiii !"*

Et la chèvre _____ (15 - devenir) une belle femme :

"Je te remercie, grand génie de l'arbre."

Quand elle _____ (16 - partir), le génie _____ (17 - crier) :

"Tu vas sacrifier[3] ton cinquième enfant sur mon arbre."

Elle _____ (18 - rentrer) sans écouter le génie.

Quand le vieil homme _____ (19 - rentrer) chez lui, il _____

(20 - être) surpris de trouver une femme. Elle l'_____ (21 - rassurer) :

"C'est moi, ta chèvre ! Je _____ (22 - aller) voir le génie pour me faire

transformer en femme et avoir des enfants comme tu le _____ (23 - vouloir)."

Le vieil homme l'_____ (24 - reconnaître). Ils _____ (25 - avoir)

un premier enfant, puis un deuxième, un troisième, un quatrième et un cinquième.

Pendant longtemps ils _____ (26 - vivre) heureux et sans problèmes.

Un jour, pendant que les enfants _____ (27 - jouer) dans la forêt, le cinquième

enfant _____ (28 - se cacher) derrière un arbre. L'arbre l'_____

(29 - attraper) et _____ (30 - commencer) à le manger. Il

_____ (31 - chanter) :

*"Bori, bori, djinamori, bori Bori djinamori*

*Ka ta fo m'bayé Djinamori bori Bori djinamori"*

Les autres enfants _____ (32 - entendre) les cris et _____ (33 -

prévenir) leur mère :

"Maman, maman..."

La mère _____ (34 - entendre) et _____ (35 - demander):

"Qu'est-ce qui se passe, mes petits ?"

"L'arbre mange Bourouki et il chante :

*"Bori, bori, djinamori, bori Bori djinamori*

*Ka ta fo m'bayé Djinamori bori Bori djinamori"*

Alors la femme _____ (36 - se souvenir) de ce que le génie avait dit. Elle

_____ (37 - aller) le voir avec le vieil homme.

Elle _____ (38 - dire) au génie :

---

[3] sacrifier : offrir en sacrifice, souvent dans un contexte religieux ou magique.

"Rends-moi mon enfant !"

Le génie _____ (39 - répondre) :

"Tu dois sacrifier ton cinquième enfant sur mon arbre, souviens-toi. Alors je le prends!"

La femme _____ (40 - répondre) :

"Mais tu n'_____ (41 - pas préciser) à quel âge je _____ (42 - devoir) le sacrifier. C'est une erreur selon les droits des génies. Tu dois me le rendre."

Le génie _____ (43 - réfléchir) et a admis[4] :

"C'est vrai, tu as raison, je dois te le rendre."

Ils _____ (44 - repartir) avec les cinq enfants et _____ (45 - vivre) heureux.

*Un oubli peut toujours être réparé[5].*

# Compréhension de texte - cochez la réponse correcte :

1. **Qui est l'ami du vieil homme dans l'histoire ?**
   - O Un oiseau
   - O Un chien
   - O Une chèvre

2. **Pourquoi la chèvre va-t-elle voir le génie ?**
   - O Pour trouver de la nourriture
   - O Pour devenir une femme
   - O Pour voyager

3. **Comment est la chèvre après sa rencontre avec le génie ?**
   - O Toujours une chèvre
   - O Une belle femme
   - O Une vieille dame

---

[4] Admettre : reconnaître quelque chose comme vrai.

[5] Réparer : corriger

**4. Le vieil homme et la femme ont combien d'enfants ?**
- O Deux
- O Quatre
- O Cinq

**5. Où jouent les enfants dans l'histoire ?**
- O Dans la maison
- O À l'école
- O Dans la forêt

**6. Qu'est-ce qui arrive au cinquième enfant quand il joue ?**
- O Il chante
- O Il dort
- O L'arbre le prend

**7. Pourquoi la femme retourne-t-elle voir le génie ?**
- O Pour avoir plus d'enfants
- O Pour retrouver son enfant
- O Pour devenir à nouveau une chèvre

**8. Le génie veut-il rendre l'enfant tout de suite ?**
- O Oui
- O Non

**9. Comment se sentent le vieil homme et la femme à la fin de l'histoire ?**
- O Tristes
- O Heureux
- O En colère

**10. Quelle est la morale de cette histoire ?**
- O Il faut être prudent avec les promesses.
- O On ne doit pas changer ses idées.
- O Il est possible de corriger ses erreurs.

# Comment le lion est devenu roi

**(Conte du Mali)**

Au début, le lion n'_____ (1 - être) pas le roi des

animaux. C'_____ (2 - être) Dankélé, un grand buffle

noir. Tout le monde _____ (3 - avoir) peur de Dankélé parce qu'il

_____ (4 - être) méchant[6]. Il y _____ (5 - avoir) une rivière[7] où

tous les animaux _____ (6 - aller) boire. Mais Dankélé _____ (7 -

boire) toujours en premier. Après lui, l'eau _____ (8 - être) sale, mais personne

ne _____ (9 - pouvoir) rien dire.

Un jour, une lionne[8]

_____ (10 - avoir) un

bébé lion. Le bébé lion

_____ (11 - avoir)

très soif. La lionne ne

_____ (12 - vouloir)

pas attendre Dankélé, alors elle

_____ (13 - donner)

de l'eau à son bébé. Elle

_____ (14 - aussi

boire) un peu. Quand Dankélé

_____ (15 - arriver),

il _____ (16 - voir)

que quelqu'un avait déjà bu. Il _____ (17 - être) très en colère. Il

_____ (18 - demander) qui avait bu. L'hyène[9] _____ (19 - dire)

que c'_____ (20 - être) la lionne. Alors, Dankélé _____ (21 - être)

très en colère contre la lionne et la _____ (22 – tuer). Le bébé lion

_____ (23 - avoir) peur et il _____ (24 - aller) se cacher.

_____

[6] Méchant : égoïste et injuste.
[7] Une rivière : un petit fleuve.
[8] Une lionne : la femelle du lion.
[9] Une hyène : un animal sauvage qui ressemble à un chien.

Les années sont passées et le bébé lion _____ (25 - devenir) grand. Il

_____ (26 - se souvenir) de ce que Dankélé avait fait à sa maman. Un jour, il

_____ (27 - aller) voir Dankélé et lui _____ (28 - demander)

pourquoi il avait fait ça. Dankélé _____ (29 - dire)t que c'était la règle. Mais le

lion n'_____ (30 - être) pas d'accord. Il _____ (31 - penser) que

c'_____ (32 - être) injuste. Alors, il _____ (33 - décider) de

changer les choses.

Le lion _____ (34 - battre) Dankélé et _____ (35 - devenir) le roi

des animaux. Il _____ (36 - vouloir) être un bon roi. Il _____ (37 -

dire) aux animaux qu'ils _____ (38 - pouvoir) tous boire de l'eau quand ils

_____ (39 - vouloir). Depuis ce jour, tout le monde aime le lion parce qu'il est

juste et gentil.

# Compréhension de texte - Vrai ou Faux ?

1. O Vrai  O Faux  Au début, le lion était le roi des animaux.

2. O Vrai  O Faux  Dankélé était un grand buffle blanc.

3. O Vrai  O Faux  Tous les animaux avaient peur de Dankélé.

4. O Vrai  O Faux  Dankélé laissait toujours les autres animaux boire avant lui à la rivière.

5. O Vrai  O Faux  La lionne a donné de l'eau à son bébé lion avant de donner à Dankélé la possibilité de boire.

6. O Vrai  O Faux  L'hyène a accusé le bébé lion d'avoir bu de l'eau en premier.

7. O Vrai  O Faux  Le bébé lion est resté avec Dankélé après ce qui s'est passé à sa maman.

8. O Vrai  O Faux  Quand le lion est devenu grand, il a oublié ce que Dankélé avait fait.

9. O Vrai  O Faux  Le lion est devenu le roi des animaux après avoir battu Dankélé.

10. O Vrai  O Faux  Depuis que le lion est devenu roi, tous les animaux doivent attendre leur tour pour boire.

# La ruse[10] de Gayndé le lion
## (Conte de Mauritanie)

Trois bœufs[11] _____ (1 - habiter)

ensemble dans une grande forêt, loin de tous les autres

animaux. Cette forêt _____ (2 - être) un

endroit parfait pour eux parce qu'il y

_____ (3 - avoir) beaucoup d'eau et de nourriture. Ils

_____ (4 - être) très contents et _____ (5 - faire)

souvent la fête et ils _____ (6 - danser) et _____

(chanter) "mazeyenkoum, mazeyenkoum", _____ (7 - se dire) les uns aux

autres qu'ils_____ (8 - être) jolis et beaux.

Ces trois bœufs n'_____ (9 - être) pas de la même couleur :

l'un_____ (10 - être) blanc, l'autre noir, et le dernier

_____ (11 - être) brun. Un jour, Gayndé, le lion,

_____ (12 - venir) leur rendre visite et leur _____ (13

- demander) s'il _____ (14 - pouvoir) rester quelques jours avec eux. Ils

_____ (15 - accepter) sa demande et _____ (16 -

continuer) à vivre normalement.

Mais le lion _____ (17 - avoir) un plan : il _____ (18 -

vouloir) manger les bœufs. Cependant[12], comme ils _____ (19 - être)

toujours ensemble, il ne _____ (20 - trouver) pas l'occasion de le faire.

---

[10] Une ruse : une astuce, manière maline de faire quelque chose (eine List).
[11] Un bœuf : un grand animal qui ressemble à des vaches, souvent utilisés dans les travaux agricoles.
[12] Cependant : mais (jedoch).

Alors, un soir, il _____ (21 - s'approcher) du bœuf blanc et du bœuf brun

et leur _____ (22 - dire) tout bas :

"J'_____ (23 - remarquer) quelque chose que vous

n'_____ (24 - pas voir) : ce bœuf noir est vraiment trop gourmand[13]. Il

mange tout le pâturage[14] et boit toute l'eau. Si vous ne faites rien, il va tout finir et vous allez

mourir de faim. J'_____ (25 - même voir) qu'il prenait toute la place dans

l'enclos[15] où vous dormiez. Il faut le tuer avant qu'il ne soit trop tard !"

Mais les deux bœufs _____ (26 - répondre) fermement au lion :

"Non, nous refusons. C'est notre frère."

---

[13] Gourmand, -e : quelqu'un qui aime beaucoup manger.
[14] Le pâturage : un champ où les animaux comme les vaches et les bœufs peuvent manger de l'herbe.
[15] Un enclos : un espace fermé où on garde des animaux.

Le lendemain, le bœuf blanc et le bœuf brun _____ (27 - commencer) à

observer comment le bœuf noir _____ (28 - manger) et

_____ (29 - boire). Quand ils _____ (30 - se reposer),

lui _____ (31 - continuer) à manger et à boire normalement. Une

semaine plus tard, le lion _____ (32 - revenir) voir le bœuf blanc et le

bœuf brun pour leur faire la même proposition. Cette fois, leur refus

_____ (33 - être) moins ferme:

"Non, non, c'est notre frère."

Avec le temps, ils _____ (34 - prêter) encore plus attention au bœuf noir.

À la fin de la troisième semaine, après la fête du soir, ils _____ (35 - finir)

par aider le lion à tuer le bœuf noir. Le lion _____ (36 - manger) le bœuf

noir immédiatement.

Un mois plus tard, le lion _____ (37 - parler) au bœuf brun en secret :

"Regarde ce bœuf blanc, il est différent de nous. Toi et moi, nous sommes bruns, mais lui, il

est blanc. Si nous le tuons, nous allons être les seuls dans cette forêt avec notre belle

couleur."

Le bœuf brun, qui ne _____ (38 - pas comprendre) la ruse du lion,

_____ (39 - aider) le lion à tuer le bœuf blanc. Le lion

l'_____ (39 - manger) sur place.

Quand il ne _____ (40 - rester) plus que le bœuf brun avec le lion dans la

forêt, le lion _____ (41 - manger) le bœuf brun sans problème.

On dit en woloof[16] : « mboloo moy dooley » (c'est l'union[17] qui fait la force).

---

[16] Woloof : une langue africaine parlée principalement au Sénégal, mais aussi en Gambie et en Mauritanie.

[17] Une union : le fait de se joindre ou de travailler ensemble.

## Compréhension de texte - cochez la réponse correcte :

**1. Où habitaient les trois bœufs avant l'arrivée de Gayndé le lion ?**
a) Dans une petite ferme
b) Dans une grande forêt
c) Près d'un lac
d) Dans une savane

**2. Quel était le plan initial de Gayndé le lion en demandant de rester avec les bœufs ?**
a) Vivre en harmonie avec eux
b) Les protéger des dangers de la forêt
c) Manger les bœufs
d) Apprendre à danser et chanter avec eux

**3. Comment le lion a-t-il tenté de diviser les bœufs la première fois ?**
a) En leur disant que le bœuf noir était trop gourmand
b) En les convaincant qu'ils étaient de meilleurs danseurs
c) En racontant des mensonges sur le bœuf blanc
d) En faisant des compliments uniquement au bœuf brun

**4. Quelle était la réaction initiale des bœufs blanc et brun à la proposition du lion ?**
a) Ils ont immédiatement accepté
b) Ils ont refusé fermement
c) Ils ont demandé du temps pour y réfléchir
d) Ils ont consulté le bœuf noir

**5. Comment le lion a-t-il réussi à isoler et manger le dernier bœuf ?**
a) En le persuadant que les autres bœufs étaient revenus
b) En lui faisant croire qu'il était son ami
c) En le divisant sur la base de la couleur
d) En lui tendant un piège avec de la nourriture

**6. Quel proverbe wolof le conte illustre-t-il à travers son histoire ?**
a) « La gourmandise est un vilain défaut »
b) « L'apparence ne fait pas le moine »
c) « C'est l'union qui fait la force »
d) « Qui sème le vent récolte la tempête »

# Les trois vérités de Bouc[18]
## (Conte du Sénégal)

Il _____ (1 - être) une fois, Bouc qui

_____ (2 - aimer) beaucoup la religion

musulmane et _____ (3 - vouloir) devenir

musulman. Il _____ (4 - décider) de faire un voyage à la Mecque[19].

Sur son chemin, il _____ (5 - renconter) Hyène. Hyène lui _____ (6

- demander) :

"Salut, Bouc ! Où vas-tu comme ça tout seul ?"

Bouc _____ (7 - répondre) :

"Je vais à la Mecque. Je _____ (8 - devenir) musulman."

Hyène lui _____ (9 - dire) :

"Alors, tu es au bon endroit. La

Mecque, c'est ici."

Bouc, qui avait compris ce

qu'Hyène _____

(10 - vouloir) vraiment,

l'_____ (11 -

supplier)[20] :

"S'il te plaît, ne me fais pas de

mal. J'ai une famille."

_____

[18] Un bouc : c'est le mâle de la chèvre.

[19] La Mecque : ville sainte de l'Islam située en Arabie Saoudite.

[20] Supplier : demandé avec insistance et urgence.

Hyène _____ (12 - éternuer)[21] puis _____ (13 - demander) :

"Tu ne vas pas partir pas sans me dire trois grandes vérités."

Bouc _____ (14 - penser) un peu et _____ (15 - dire) :

"Si je savais que ce chemin me mènerait à toi, je ne l'aurais jamais pris."

Hyène _____ (16 - accepter) :

"C'est vrai. Ça, c'est une vérité."

Ensuite, Bouc _____ (17 - dire) :

"Si je retourne au village et je raconte que j'_____ (18 - voir) Hyène, tout le

monde va dire que je mens[22]. "

Hyène _____ (19 - répondre) :

"C'est vrai aussi. Deux vérités."

Il _____ (20 - rester) une vérité. Bouc _____ (21 - dire) :

"Une chose est sûre."

Hyène _____ (22 - demander) :

"Laquelle ?"

Bouc _____ (23 - répondre) :

"Si tu parles autant, c'est parce que tu n'as pas vraiment faim."

Hyène _____ (24 - dire) :

"C'est exact ! Tu peux partir."

Et Bouc _____ (25 - s'enfuir[23] rapidement) et _____ (26 - sauver)

sa vie.

---

[21] Éternuer : réaction involontaire à expulser de l'air brusquement par le nez et la bouche.
[22] Mentir : ne pas dire la vérité.
[23] S'enfuir : partir très rapidement.

# Compréhension de texte - Vrai ou Faux ?

| | V | F | |
|---|---|---|---|
| 1. | O | O | Bouc a rencontré Hyène en chemin vers la Mecque. |
| 2. | O | O | Hyène a immédiatement menacé Bouc lors de leur rencontre. |
| 3. | O | O | Hyène a prétendu que la Mecque se trouvait à l'endroit où ils se sont rencontrés. |
| 4. | O | O | Bouc a réussi à convaincre Hyène de ne pas lui faire de mal en lui promettant de l'argent. |
| 5. | O | O | La première vérité que Bouc a dite était qu'il ne prendrait jamais le chemin s'il savait qu'il rencontrerait Hyène. |
| 6. | O | O | Selon Bouc, personne ne croirait qu'il a rencontré Hyène s'il retournait au village. |
| 7. | O | O | La dernière vérité que Bouc a révélée était que Hyène n'avait pas vraiment faim. |
| 8. | O | O | À la fin, Hyène a attrapé Bouc et l'a mangé. |

# Golo[24], les singes et leur chef
## (Conte de Mauritanie)

Dans le pays des singes appelés "golos", la vie

_____ (1 - devenir) difficile. Il n'avait pas plu depuis

longtemps, donc il n'y _____ (2 - avoir) plus de

mil[25] ou de maïs à prendre dans les champs. Il n'y _____ (3 - avoir) plus de

melons ou de pastèques[26] et même les racines de nénuphars[27] avaient disparu.

C'_____ (4 - être) à cause de la sécheresse[28] et il y _____ (5 -

avoir) une famine[29].

Le chef des singes _____ (6 - décider) de réunir tous les singes pour trouver

une solution. Il _____ (7 - promettre) d'aller chercher un autre endroit où ils

pourraient trouver de la nourriture et de l'eau.

Le lendemain, très tôt, le chef _____ (8 - partir). Il _____ (9 -

marcher) pendant un jour, puis une semaine, et après un mois, il _____ (10 -

trouver) un endroit merveilleux. Il y _____ (11 - avoir) beaucoup d'eau, d'arbres

fruitiers, de champs de mil et de maïs, et des pastèques partout. Le chef _____

(12 - manger d'abord), puis il _____ (13 - se reposer) sur un arbre pour

observer cet endroit magique. Avant de partir, il _____ (14 - voir) quelque

chose qui l'_____ (15 - inquiéter), mais il _____ (16 - quand

même rentrer) rapidement pour donner la bonne nouvelle à son peuple.

---

[24] Golo : Nom donné aux singes dans ce conte, spécifique à la culture de la région.
[25] Le mil : Céréale cultivée dans plusieurs pays (Hirse).
[26] Une pastèque : comme un melon, mais avec la chair rouge vif et des graines noires.
[27] Un nénuphar : plantes aquatiques avec de grandes feuilles vertes et des fleurs (Seerose).
[28] La sécheresse : une période sans pluie qui cause de la difficulté pour trouver de la nourriture et de l'eau.
[29] La famine : un manque grave de nourriture.

Quand il _____ (17 - revenir), il _____ (18 - dire) aux autres :

"J'_____ (19 - trouver) un endroit parfait avec beaucoup de nourriture et d'eau,

mais j'_____ (20 - voir) quelque chose d'inquiétant[30] là-bas."

"Qu'_____ (21 - voir) ? _____ (22 - demander) les autres, tous

ensemble."

"Il y a un village de paysans[31] pas loin, et j'_____ (23 - voir) une fille qui

_____ (24 - écraser) du mil[32]. Des chèvres et des brebis[33] _____

(25 - sauter) autour d'elle. Le fils du chef du village _____ (26 - jouer) avec ces

animaux. Quand les animaux _____ (27 - vouloir) manger le mil, la

fille_____ (28 - commencer) à les chasser avec son bâton !"

"Et alors, pourquoi ça nous concerne ? _____ (29 - dire) les autres. Ce qui

compte pour nous, c'est de manger et de boire."

Ils _____ (30 - donc partir) le lendemain et _____ (31 - s'installer)

dans ce nouvel endroit. Ils y _____ (32 - bien vivre) pendant des mois. Mais un

jour, une fille, qui _____ (33 - vouloir) chasser une chèvre par accident

_____ (34 - frapper) le fils du chef du village et l'_____ (35 -

blesser) à la tête. Le père du garçon _____ (36 - appeler) tous les guérisseurs[34]

qui _____ (37 - dire) qu'ils _____ (38 - avoir) besoin de la

cervelle[35] de singe pour le guérir.

---

[30] Inquiétant, -e : qui cause de la peur.
[31] Un paysan : une personne qui travaille dans l'agriculture.
[32] Écraser du mil : action de transformer le mil en farine.
[33] Des chèvres et brebis : des animaux domestiques élevés pour leur lait, viande, ou laine (brebis).
[34] Un guérisseur : Une personne qui essaie de soigner les maladies avec des méthodes traditionnelles.
[35] La cervelle de singe : utilisée ici dans une médecine traditionnelle. (Gehirn der Affen).

Rapidement, les jeunes du village _____ (39 - capturer)[36] tous les singes et les

_____ (39 - attacher) aux arbres, tête en bas. Les singes _____ (40

- demander) conseil à leur chef, qui leur _____ (41 - dire) :

"Vous ne m'_____ (42 - pas écourter) quand ma tête était en haut, maintenant

que ma tête est en bas, que puis-je dire ?"


Et c'est ainsi que l'histoire se termine, et celui qui respire le premier va au Paradis.

---

[36] Capturer : attraper.

## Compréhension de texte - cochez la réponse correcte :

**1. Pourquoi la vie est-elle devenue difficile dans le pays des singes appelés "golos" ?**
a) Il pleuvait trop souvent.
b) Il y avait une grande quantité de nourriture.
c) Il n'a pas plu depuis longtemps.
d) Les singes ne savaient pas cultiver des légumes et des fruits.

**2. Que décide le chef des singes face à la situation ?**
a) De montrer aux singes comment cultiver.
b) De partir à la recherche d'un nouvel endroit.
c) De demander de l'aide aux humains.
d) De créer un rituel pour faire pleuvoir.

**3. Que trouve le chef des singes après un mois de recherche ?**
a) Un désert encore plus grand.
b) Un endroit merveilleux avec beaucoup d'eau et de nourriture.
c) Un autre groupe de singes en difficulté.
d) Un village abandonné.

**4. Quelle est la réaction des singes quand leur chef leur parle de sa peur ?**
a) Ils décident de rester où ils sont.
b) Ils se préparent à combattre les paysans.
c) Ils sont indifférents et se concentrent sur la nourriture et l'eau.
d) Ils demandent à voir cet endroit par eux-mêmes avant de décider.

**5. Quel événement conduit les villageois à capturer les singes ?**
a) Les singes volent de la nourriture dans le village.
b) Les singes attaquent un enfant du village.
c) Une fille a blessé le fils du chef du village.
d) Les singes détruisent les récoltes des villageois.

**6. Quelle leçon le chef des singes essaie-t-il de transmettre à la fin de l'histoire ?**
a) L'importance de l'écoute et de la prudence.
b) La nécessité de se battre pour survivre.
c) L'importance de construire sa propre maison.
d) La valeur de l'amitié entre les espèces.

# Le chasseur et le génie voleur de femmes
## (Conte du Sénégal)

Dans un petit village, il y _____ (1 - avoir) un

génie[37] qui _____ (2 - voler) les épouses[38] des

nouveaux mariés. Quand un homme _____ (3 -

se marier), le génie _____ (4 - venir) prendre sa femme. Un chasseur[39]

courageux _____ (5 - entendre) parler de cette histoire et _____

(6 - décider) de se marier dans ce village pour voir si le génie allait aussi lui prendre sa

femme.

Il _____ (7 - aller) dans le village où le génie _____ (8 - voler)[40] les

femmes. On _____ (9 - faire) une grande fête pour lui. Le roi lui

_____ (10 - demander) pourquoi il était venu, et le chasseur

_____ (11 - expliquer) qu'il _____ (12 - vouloir) se marier. Le roi

lui _____ (13 - dire) que ce n' _____ (14 - être) pas possible et

que le génie allait prendre sa femme, mais le chasseur _____ (15 - insister) et

_____ (16 - dire) qu'il _____ (17 - vouloir) combattre le génie.

Le roi _____ (18 - accepter) et lui _____ (19 - donner) sa fille en

mariage. Ils _____ (20 - célébrer)[41] le mariage pendant trois jours. Quand les

invités _____ (21 - partir), le chasseur et sa nouvelle épouse

---

[37] Un génie : une personne ou une créature avec des pouvoirs magiques.
[38] Une épouse : c'est une femme mariée.
[39] Un chasseur : c'est une personne qui tue des animaux pour le sport ou la nourriture.
[40] Voler : prendre quelque chose qui n'est pas à vous.
[41] Célébrer : faire une fête.

_____ (22 - aller) dans leur chambre. Mais quand il _____ (23 -

vouloir) la toucher, elle avait disparu. Le génie l'avait prise !

Le chasseur _____ (24 - aller) voir un sage[42] qui lui _____ (25 -

dire) que le génie emportait[43] les femmes de l'autre côté de la rivière[44]. Pour les sauver[45], il

_____ (26 - devoir) tuer[46] le génie. Le sage _____ (27 - expliquer)

que le génie _____ (28 - être) caché[47] dans beaucoup d'animaux : une grande

antilope _____ (29 - contenir)[48] une plus petite, qui _____ (30 -

contenir) un corbeau[49], qui _____ (31 - contenir) un œuf[50]. Le chasseur

_____ (32 - devoir) écraser[51] cet œuf pour libérer toutes les femmes.

Le sage _____ (33 - aussi dire) que l'antilope _____ (34 - aller) à

un certain endroit[52] pour boire de l'eau tous les jours. Le chasseur _____ (35 -

prendre) son sac et son chien et il _____ (36 - partir). Sur son chemin, il

_____ (37 - rencontrer)[53] un lion qui _____ (38 - vouloir)

l'attaquer, mais quand le chasseur _____ (39 - expliquer) sa mission[54], le lion

_____ (40 - décider) de l'aider. Plus tard, une aigle[55] _____ (41 -

venir) avec le chasseur, son chien et le lion.

---

[42] Un sage : c'est une personne qui a beaucoup de connaissances.
[43] Emporter : c'est prendre quelque chose avec soi (wie : porter).
[44] La rivière : c'est un cours d'eau naturel, plus petit qu'un fleuve
[45] Sauver : C'est aider quelqu'un ou quelque chose à échapper à un danger.
[46] Tuer : c'est faire mourir quelqu'un.
[47] Caché, -e : c'est quand quelque chose n'est pas visible.
[48] Contenir : c'est avoir quelque chose à l'intérieur (wie: tenir).
[49] Un corbeau : c'est un grand oiseau noir, connu pour son intelligence (ein Rabe).
[50] Un oeuf : d'où sortent les bébés des oiseaux.
[51] Écraser : c'est appliquer une force sur quelque chose qui cause sa destruction.
[52] Un endroit : un lieu.
[53] Rencontrer : c'est se trouver face à face avec quelqu'un.
[54] Une mission : c'est une tâche spécifique ou un objectif à accomplir.
[55] Une aigle : c'est un grand oiseau de proie, connu pour sa force et sa vue (ein Adler).

Ils _____ (42 - arriver) à la rivière et _____ (43 - attendre)

l'antilope. Quand elle _____ (44 - arriver), le lion _____ (45 -

attaquer) la grande antilope. Le chien _____ (46 - tuer) la petite antilope. L'aigle

_____ (47 - chasser) le corbeau et l'homme _____ (48 - écraser)

l'œuf. Quand le chasseur _____ (49 - écraser) l'œuf, il _____ (50 -

voir) les femmes de l'autre côté de la rivière. Le chasseur _____ (51 - appeler)

les gens[56] du village pour les aider à traverser la rivière et retrouver leurs femmes.

―――――――――――――――

[56] Les gens : les personnes.

Le chasseur _____ (52 - retrouver) sa femme et _____ (53 - rentrer)[57] chez lui[58]. Et c'est comme ça que l'histoire du chasseur et du génie

_____ (54 - devenir) célèbre[59].

## Compréhension de texte - Vrai ou Faux ?

|  | V | F |  |
|---|---|---|---|
| 1. | O | O | Il y avait un génie qui volait les épouses des nouveaux mariés dans le petit village. |
| 2. | O | O | Le chasseur a entendu parler de l'histoire du génie et a décidé de se marier dans ce village. |
| 3. | O | O | Le roi a refusé de donner sa fille en mariage au chasseur par peur que le génie ne vole sa fille. |
| 4. | O | O | La femme du chasseur a disparu de leur chambre le jour de leur mariage, prise par le génie. |
| 5. | O | O | Le sage a conseillé au chasseur de tuer le génie pour sauver toutes les femmes. |
| 6. | O | O | Le sage a expliqué que le génie était caché dans une série d'animaux : une grande antilope, une plus petite antilope, un corbeau, et un œuf. |
| 7. | O | O | Le lion a décidé d'aider le chasseur après avoir entendu sa mission. |
| 8. | O | O | Le chasseur a écrasé l'œuf pour libérer les femmes retenues par le génie. |
| 9. | O | O | Le chasseur a appelé les gens du village pour les aider à traverser la rivière et retrouver leurs femmes. |
| 10. | O | O | Le chasseur a retrouvé sa femme et est retourné chez lui, ce qui a rendu son histoire. |

---

[57] Rentrer: c'est revenir à l'endroit d'où l'on vient (wie: entrer).
[58] Chez lui : son domicile personnel..
[59] Célèbre : C'est être bien connu par beaucoup de personnes.

# Banta et la tortue qui chante
## (Conte du Mali)

Banta _____ (1 - être) un chasseur très fort.

Tous les animaux _____ (avoir) peur[60] de lui.

Chaque soir, il _____ (2 - ramener[61]) beaucoup

d'animaux à chez lui à la maison. Il _____ (3 - tuer[62]) plus qu'il ne

_____ (4 - falloir[63]) et _____ (5 - aimer) ça. Il

_____ (6 - aimer) aussi raconter ses histoires de chasse.

Un jour, les animaux _____ (7 - se réunir) pour trouver un plan contre Banta.

Mais ils _____ (8 - avoir) tous peur. Même le lion, le rhinocéros et l'éléphant

n'_____ (9 - oser[64]) pas le défier[65]. Seule une petite tortue

_____ (10 - avoir) le courage de proposer un plan.

Le jour suivant, Banta

n'_____ (11 - trouver)

aucun animal à chasser. Quand il

_____ (12 - rentrer) à

la maison, il _____ (13

- entendre) une tortue qui

_____ (14 - jouer) de

la musique. Il l'_____

---

[60] La peur : le sentiment quand on pense qu'il y a un danger.

[61] Ramener : rapporter quelque chose ou quelqu'un à l'endroit d'où il vient.

[62] Tuer : c'est faire mourir quelqu'un.

[63] Falloir : être nécessaire.

[64] Oser : avoir le courage de faire quelque chose.

[65] Défier quelqu'un : se mesurer avec quelqu'un.

(15 - prendre) pour l'offrir à ses enfants. La musique de la tortue _____ (16 - plaire) à tout le monde.

Banta _____ (17 - vouloir) montrer la tortue au roi. Il _____ (18 - dire) au roi que la tortue _____ (19 - pouvoir) chanter. Le roi _____ (20 - vouloir) la voir chanter devant tout le monde. Mais le soir, quand Banta _____ (21 - demander) à la tortue de chanter, elle _____ (22 - rester) silencieuse.

Le roi _____ (23 - être) très fâché[66] et _____ (23 - décider) de punir Banta. Pendant que Banta _____ (24 - être) puni, la tortue _____ (25 - se remettre) à jouer de la musique.

## Compréhension de texte - Vrai ou Faux ?

|  | V | F | |
|---|---|---|---|
| 1. | O | O | Banta était un chasseur qui tuait plus d'animaux que nécessaire. |
| 2. | O | O | Les autres animaux de la savane étaient trop courageux pour affronter Banta. |
| 3. | O | O | Le lion, le rhinocéros et l'éléphant étaient tous absents lors de la réunion des animaux. |
| 4. | O | O | Une petite tortue s'est portée volontaire pour défier Banta. |
| 5. | O | O | Banta est rentré chez lui un jour sans avoir trouvé aucun animal à chasser. |
| 6. | O | O | Banta a décidé d'offrir la tortue à ses enfants pour les amuser. |
| 7. | O | O | Banta a réussi à impressionner le roi avec la tortue qui chantait. |
| 8. | O | O | La tortue a chanté devant toute la cour du roi. |
| 9. | O | O | Le roi a ordonné de pendre Banta immédiatement. |
| 10. | O | O | La petite tortue s'est mise à jouer de la musique et à chanter pendant que Banta était puni. |

---

[66] Être fâché : être en colère.

# Fari l'ânesse[67]
## (Conte du Sénégal)

Il _____ (1 - être) une fois une très

belle femme, tellement belle qu'on ne

_____ (2 - penser) pas qu'elle

_____ (3 - être) humaine. Un roi l'_____ (4

- voir) et _____ (5 - décider) de l'épouser. Il

_____ (6 - aller) la chercher, _____ (7 -

organiser) le mariage, et l'_____ (8 - amener) chez lui.

Mais, cette femme _____ (9 - avoir) un secret : elle

n'_____ (10 - être) pas humaine, elle _____

(11 - être) une ânesse. Chaque jour, elle _____ (12 - dire) qu'elle

_____ (13 - aller) uriner ou se promener, mais en réalité, elle

_____ (14 - se transformer) en ânesse pour rejoindre d'autres ânes

derrière le village.

Elle_____ (15 - continuer) à faire cela jusqu'au jour où elle

_____ (16 - dire) qu'elle _____ (17 -

vouloir) rendre visite à ses parents, loin. Le roi l'_____ (18 - laisser)

partir, mais en fait, elle _____ (19 - aller) retrouver les ânes

sauvages. Elle _____ (20 - se transformer) en ânesse et

_____ (21 - rester) avec eux.

Un homme, l'_____ (22 - voir) se transformer.

---

[67] Une ânesse : la femelle de l'âne.

Il _____ (23 - aller) dire au roi ce qu'il avait vu. Il

_____ (24 - dire) au roi : "Oh, roi, je jure, je vais te dire quelque

chose, et si ce n'est pas vrai, tu peux me tuer !"

Le roi _____ (25 - répondre) : "Ah Naar, moi, les menteurs, je les

tue!"

L'homme _____ (26 - insister) : "Je jure ! Bour, ce que je dis est vrai,

je le jure ! Ta femme, qui est si belle, c'est une ânesse, ce n'est pas une personne."

Le roi _____ (27 - demander) : "Ah oui ?"

Et l'homme _____ (28 - confirmer) : "Oui !"

Le roi _____ (29 - dire) : "C'est bien."

Alors, le Naar _____ (30 - proposer) : "Si elle te demande encore la

permission de sortir, laisse quelqu'un venir avec moi, ou toi-même, suis-moi."

Un autre jour, la femme _____ (31 - demander) au roi si elle

_____ (32 - pouvoir) sortir. "D'accord,"

_____ (33 - dire) le roi.

Naar, accompagné par un soldat, _____ (34 - suivre) la femme

jusqu'à la brousse[68] où elle _____ (35 - se transformer) et

_____ (36 - retrouver) les ânes. Ils _____

(37 - commencer) à braire[69] ensemble.

Les deux hommes _____ (38 - retourner) chez le roi.

Le soldat _____ (39 - dire) au roi : "Oh roi, par Dieu ! Ce que Naar

_____ (40 – dire) est vrai, je le jure !"

Le roi _____ (41 - répondre) : "C'est bien, je vais voir cela moi-

même."

Quand la femme _____ (42 - vouloir) sortir à nouveau, le roi

_____ (43 - décider) de la suivre.

Elle _____ (44 - se transformer) en ânesse au centre de la cour. Le

roi _____ (45 - prendre) son fusil, _____

(46 - tirer) sur elle, et elle _____ (47 - mourir).

Après ça, le roi _____ (48 - appeler) Naar et le soldat pour leur

donner des cadeaux.

---

[68] La brousse" : une zone de végétation dense et sauvage, souvent utilisée pour décrire la campagne ou les zones non cultivées en Afrique.
[69] Braire : le cri de l'âne.

# Compréhension de texte - Vrai ou Faux ?

|  | V | F |  |
|---|---|---|---|
| 1. | O | o | La femme était si belle que tout le monde la considérait comme surnaturelle. |
| 2. | O | O | Le roi a découvert le secret de la femme avant leur mariage. |
| 3. | O | O | La femme se transformait en ânesse pour passer du temps avec des ânes sauvages derrière le village. |
| 4. | O | O | La femme a été fidèle à sa nature humaine tout au long de l'histoire. |
| 5. | O | O | Un homme a révélé le secret de la femme au roi. |
| 6. | O | O | Le roi a cru l'homme sans vérifier la vérité de ses affirmations. |
| 7. | O | O | La femme s'est transformée en ânesse en présence du roi. |
| 8. | O | O | Après avoir découvert la vérité, le roi a laissé la femme retourner vivre avec les ânes sauvages. |

# Le canari merveilleux
## (Conte africain)

Baffo _____ (1 - être) une petite fille qui

n'_____ (2 - être) pas sage[70]. Elle

_____ (3 - se disputer)[71] tout le temps avec les

autres enfants et ne _____ (4 - vouloir) pas

étudier. Elle _____ (5 - aimer) aussi toucher à tout ce qu'elle

_____ (6 - voir). Ses parents _____ (7 - essayer) de la punir[72],

mais cela ne _____ (8 - changer) rien.

Un jour, au marché[73], Baffo _____ (9 - voir) de petits oiseaux blancs. Elle en

_____ (10 - prendre) un et_____ (11 - demander) combien il

_____ (12 - coûter) à un homme qui _____ (13 - être) là.

L'homme _____

(14 - dire) qu'il ne

_____ (15 - savoir)

pas et que l'oiseau

n'_____ (16 - être)

pas à vendre. Mais Baffo

_____ (17 - ne pas

écouter), elle

_____ (18 - laisser)

---

70 Sage : une personne sage écoute les conseils, suit les règles et ne cause pas de problèmes.
71 Se disputer : avoir un conflit avec d'autres personnes.
72 Punir : Donner une conséquence négative pour un mauvais comportement.
73 Un marché : un lieu où les gens vendent et achètent des produits.

de l'argent et _____ (19 - partir) avec l'oiseau.

Les petits oiseaux blancs _____ (20 - être) en fait des aigrettes[74] qui

_____ (21 - devenir) des canaris[75] à chaque jour de marché, pour vivre un

peu au milieu des hommes.

L'oiseau _____ (22 - redevenir) aigrette avant que Baffo rentre chez elle.

L'aigrette _____ (23 - prendre) Baffo et l'_____ (24 -

emmener)[76] en haut d'un grand arbre. Ensuite, elle a _____ (25 - voler) et

_____ (26 - laisser) Baffo sur une branche[77].

Baffo _____ (27 - crier) pour que quelqu'un appelle ses parents. Quand ils

_____ (28 - arriver) avec leur chien noir, le chien _____ (29 -

grimper)[78] à l'arbre et _____ (30 - ramener) Baffo.

Après ça, Baffo _____ (31 - devenir) plus sage. Elle _____

(32 - être) reconnaissante[79] envers le gros chien noir et lui _____ (33 -

donner) toujours un peu de son repas[80] pour le remercier de l'avoir sauvée.

---

[74] Une aigrette : Type d'oiseau, souvent blanc, avec de longues pattes et un long cou (der Reiher).
[75] Un canaris : Petit oiseau jaune ou coloré connu pour son chant.
[76] Emmener qn : Conduire quelqu'un quelque part.
[77] Une branche : Une branche est une partie d'un arbre qui sort du tronc. Les branches portent les feuilles, les fleurs et parfois les fruits.
[78] Grimper : monter.
[79] Reconnaissante : Être reconnaissant, montrer de la gratitude.
[80] Repas : Nourriture que l'on mange pendant le déjeuner ou le dîner.

# Compréhension de texte - Vrai ou Faux ?

|  | V | F |  |
|---|---|---|---|
| 1. | O | O | Baffo était une petite fille qui aimait beaucoup étudier. |
| 2. | O | O | Baffo a pris un petit oiseau blanc au marché sans l'acheter. |
| 3. | O | O | Les parents de Baffo ont réussi à la rendre sage après l'avoir punie. |
| 4. | O | O | L'oiseau que Baffo a pris au marché était en réalité une aigrette qui pouvait devenir canari. |
| 5. | O | O | Les petits oiseaux blancs devenaient des canaris uniquement la nuit. |
| 6. | O | O | L'homme au marché a informé Baffo que l'oiseau était à vendre. |
| 7. | O | O | L'aigrette a emmené Baffo en haut d'un arbre pour la punir. |
| 8. | O | O | Baffo s'est sauvée toute seule de l'arbre. |
| 9. | O | O | Le chien noir de la famille a aidé à sauver Baffo. |
| 10. | O | O | Après cette aventure, Baffo a continué à se comporter mal avec les autres enfants. |
| 11. | O | O | Baffo est reconnaissante envers l'aigrette qui l'a sauvée. |
| 12. | O | O | Baffo a appris à être reconnaissante et à partager son repas avec le chien noir après son aventure. |

# Les trois amis
## (Conte du Mali)

Il y a très longtemps (oui c'_____ (1 - être) au

commencement du monde), trois amis - le vautour[81], le

calao[82], et la poule - _____ (2 - être) malades. Le

vautour _____ (3 - perdre) ses plumes[83] sur la

tête, le calao _____ (4 - avoir) un problème avec son bec[84], et la poule

_____ (5 - avoir) mal aux pattes. Ils _____ (6 - commencer) à chanter

pour que Dieu les entende :

> « Adaunia Nomba
> Dauni Nomba yôyé
> Dauni Nomba
> Inden sanga nomba kôyé
> La vie ici, c'est une drôle de vie !
> On dirait que la vie est mise en vente.»

_____

81 Un vautour : un grand oiseau qui mange des animaux morts.
82 Un calao : un type d'oiseau tropical qui a un grand bec (der Doppelhonvogel).
83 Les plumes (f) : les parties douces et légères qui couvrent le corps des oiseaux.
84 Un bec : la partie dure à l'extérieur de la bouche des oiseaux.

Mais Dieu ne leur _____ (7 - pas répondre). Alors, ils _____ (8 - décider) d'aller le voir pour qu'il les guérisse[85]. La poule leur _____ (9 - dire) d'attendre parce que Dieu allait bientôt venir et qu'ils ne devraient pas le fâcher[86]. Mais le vautour et le calao ne l'_____ (10 - pas écouter) et _____ (11 - partir) vers le ciel. Pendant qu'ils _____ (12 - monter), Dieu _____ (13 - arriver) et _____ (14 - guérir) la poule.

Depuis ce jour, le vautour n'a plus de plumes sur la tête et le bec du calao est tordu[87]. Ils cherchent encore Dieu dans le ciel.

## Compréhension de texte - Vrai ou Faux ?

|   | V | F |   |
|---|---|---|---|
| 1. | O | O | Il y avait quatre amis au commencement du monde qui étaient malades. |
| 2. | O | O | Le vautour perdait ses plumes sur la tête à cause de sa maladie. |
| 3. | O | O | Le calao avait un problème avec ses pattes. |
| 4. | O | O | Les trois amis ont chanté une chanson pour attirer l'attention de Dieu sur leur maladie. |
| 5. | O | O | Dieu a immédiatement répondu à leur chanson et a guéri tous les trois. |
| 6. | O | O | La poule a conseillé de ne pas aller voir Dieu, parce qu'elle craignait de le fâcher. |
| 7. | O | O | Seul le vautour est parti vers le ciel pour trouver Dieu. |
| 8. | O | O | Depuis leur voyage, le vautour a des plumes sur la tête et le bec du calao est parfaitement droit. |

---

[85] Guérir : être en bonne santé après avoir été malade.
[86] Fâcher : rendre quelqu'un en colère.
[87] Tordu : pas droit, déformé.

# Un malheur[88] ne vient jamais seul
## (Conte du Sénégal)

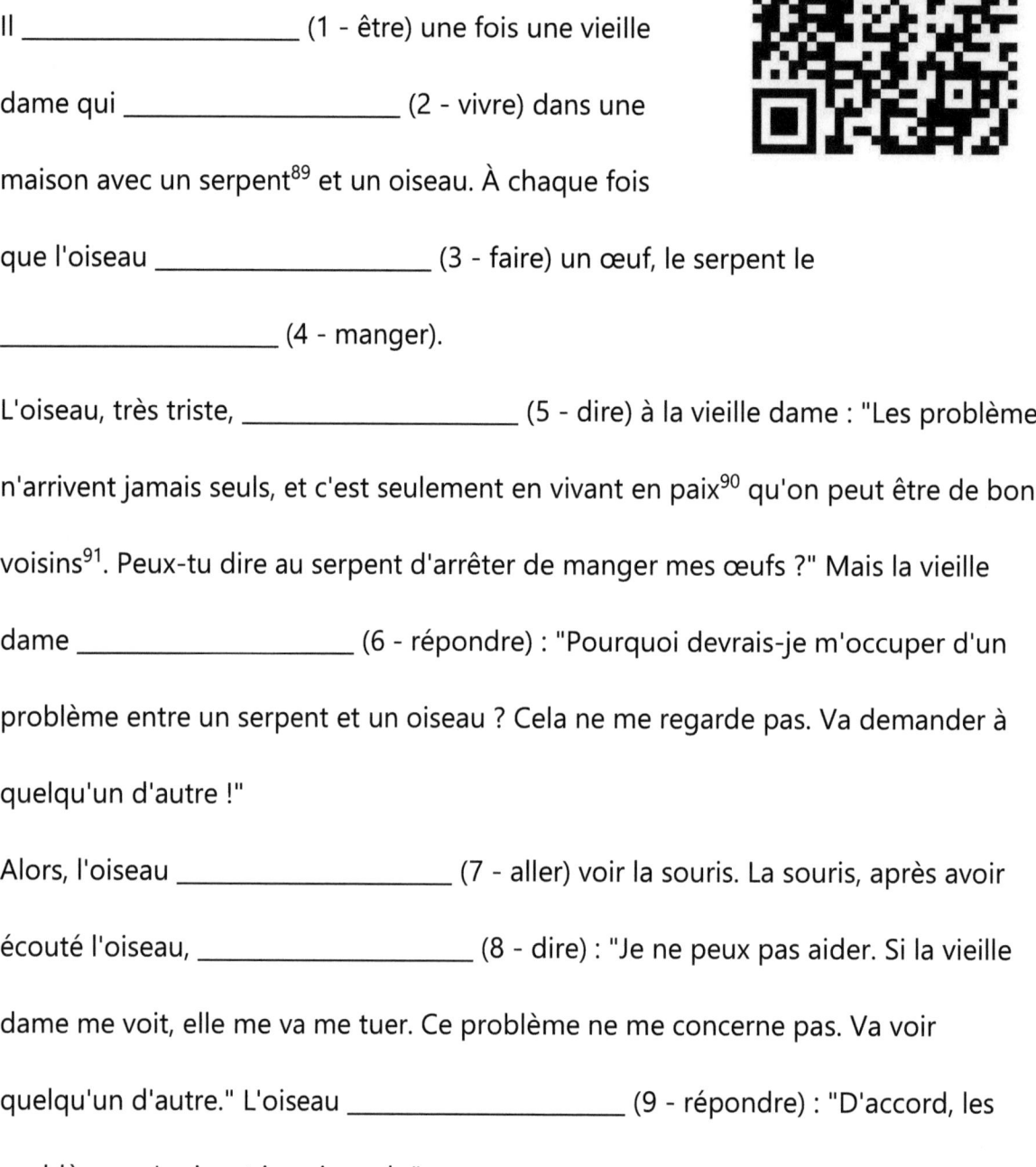

Il _____ (1 - être) une fois une vieille

dame qui _____ (2 - vivre) dans une

maison avec un serpent[89] et un oiseau. À chaque fois

que l'oiseau _____ (3 - faire) un œuf, le serpent le

_____ (4 - manger).

L'oiseau, très triste, _____ (5 - dire) à la vieille dame : "Les problèmes

n'arrivent jamais seuls, et c'est seulement en vivant en paix[90] qu'on peut être de bons

voisins[91]. Peux-tu dire au serpent d'arrêter de manger mes œufs ?" Mais la vieille

dame _____ (6 - répondre) : "Pourquoi devrais-je m'occuper d'un

problème entre un serpent et un oiseau ? Cela ne me regarde pas. Va demander à

quelqu'un d'autre !"

Alors, l'oiseau _____ (7 - aller) voir la souris. La souris, après avoir

écouté l'oiseau, _____ (8 - dire) : "Je ne peux pas aider. Si la vieille

dame me voit, elle me va me tuer. Ce problème ne me concerne pas. Va voir

quelqu'un d'autre." L'oiseau _____ (9 - répondre) : "D'accord, les

problèmes n'arrivent jamais seuls."

---

[88] Un malheur : un grand problème ou une situation très triste.
[89] Un serpent : un animal long et sans pattes qui rampe.
[90] La paix : le contraire de "la guerre".
[91] Un voisin : une personne qui vit près de chez vous.

L'oiseau _____ (10 - demander ensuite) de l'aide à l'araignée[92], qui

_____ (11 - dire) : "Je ne peux pas aider non plus. La vieille dame

détruit toujours ma toile. Ce n'est pas mon problème. Va voir quelqu'un d'autre."

L'oiseau _____ (12 – aussi parler au chien, qui _____

(13 - répondre) : "Je garde la maison toute la nuit, mais je ne mange que les restes. Je

ne peux pas t'aider. Ce n'est pas mon problème."

Puis, l'oiseau _____ (14 - aller) voir l'âne[93], qui lui

_____ (15 - dire) : "La vieille dame me charge de lourds fardeaux et

me bat. Je ne veux pas m'impliquer dans ton problème avec le serpent."

---

[92] Une araignée : un petit animal avec huit pattes qui fait des toiles.
[93] Un âne : un animal utilisé pour porter des charges, semblable à un petit cheval.

L'oiseau _____ (16 – aussi demander) de l'aide au coq, qui

_____ (17 - répondre) : "La vieille dame veut m'égorger[94] quand elle

a des invités. Je ne peux pas t'aider."

Finalement, l'oiseau _____ (18 - parler) au mouton[95], qui

_____ (19 - dire) : "La vieille dame me garde pour m'égorger

pendant la Tabaski[96]. Je ne veux pas m'impliquer."

Après avoir échoué à obtenir de l'aide, l'oiseau _____ (20 - décider)

d'agir[97] seul. Il _____ (21 - prendre) une allumette[98] et

_____ (22 - mettre) le feu à la maison. La vieille dame, le serpent, la

souris, l'araignée, le chien, et l'âne _____ (23 - tous mourir) dans

l'incendie. Le mouton _____ (24 - être) par les gens venus aider.

L'oiseau _____ (25 - expliquer alors) à tous : "Je

_____ (26 - vouloir) juste que quelqu'un aide à empêcher le serpent

de manger mes œufs, mais personne n'_____ (27 - vouloir) m'aider.

Maintenant, voyez les conséquences. Vivre en paix est important. Les problèmes

n'arrivent jamais seuls !"

---

[94] Égorger : Action de couper la gorge.
[95] Un mouton : Un animal avec beaucoup de laine, souvent élevé pour sa viande et sa laine.
[96] Tabaski : une fête musulmane.
[97] Agir : faire qc.
[98] Une allumette : Un petit bâton utilisé pour faire du feu.

# Compréhension de texte - cochez la réponse correcte :

**1. Que faisait le serpent avec les œufs de l'oiseau ?**

a) Il les cachait.
b) Il les mangeait.
c) Il les couvait.
d) Il les ignorait.

**2. Pourquoi la vieille dame a-t-elle refusé d'aider l'oiseau ?**
a) Parce qu'elle avait peur du serpent.
b) Parce qu'elle ne se sentait pas concernée par le problème.
c) Parce qu'elle aimait le serpent plus que l'oiseau.
d) Parce qu'elle ne pouvait pas entendre l'oiseau.

**3. Quelle a été la réaction de la souris quand l'oiseau lui a demandé de l'aide ?**
a) Elle a accepté d'aider l'oiseau.
b) Elle a ignoré l'oiseau.
c) Elle a dit qu'elle ne pouvait pas aider de peur d'être tuée.
d) Elle a conseillé à l'oiseau de parler au serpent directement.

**4. Quel animal n'a pas été tué dans l'incendie ?**
a) Le chien
b) Le mouton
c) L'araignée
d) La souris

**5. Quelle est la conséquence de l'inaction des animaux et de la vieille dame face au problème de l'oiseau ?**
a) L'oiseau a trouvé une nouvelle maison.
b) Tous les animaux, y compris la vieille dame, sont morts.
c) Le serpent a arrêté de manger les œufs.
d) La vieille dame a finalement aidé l'oiseau.

**6. Quel animal n'a pas été tué dans l'incendie ?**
a) Le chien
b) Le mouton
c) L'araignée
d) La souris

# L'orphelin[99] et les méchants villageois[100]
## (Conte du Mali)

Il _____ (1 - être) une fois, dans un petit village,

un homme très riche qui _____ (2 - avoir)

beaucoup d'animaux comme des vaches, des chèvres et des

moutons. Cet homme n'_____ (3 - avoir) qu'un fils, un petit garçon. Sa maman

était morte quand il _____ (4 - être) bébé. L'homme riche _____

(5 - être) très vieux et il _____ (6 - savoir) qu'il allait bientôt mourir. Il

_____ (7 - se demander) qui pourrait aider son fils pour ne pas être mangé par

de méchants[101] vers qui vivaient près des rivières où le garçon _____ (8 -

emmener) boire les animaux. Il _____ (9 - penser) que les gens du village ne

voudraient pas aider son fils. En fait, il _____ (10 - croire) sa mort pour prendre

ses animaux.

Alors, l'homme _____ (12 - confier) son fils à un grand arbre, un caïlcédrat[102],

et lui _____ (13 - demander) de conseiller[103] son fils. Après la mort du père, le

fils _____ (14 - demander) chaque matin à l'arbre où il _____

(15 - devoir) emmener ses animaux pour qu'ils boivent de l'eau sans danger. L'arbre lui

_____ (16 - dire) toujours où aller pour éviter les vers[104] dangereux.

Mais les gens du village, jaloux et curieux de savoir pourquoi le garçon ne

_____ (17 - se faire) jamais attaquer par les vers, _____ (18 -

---

[99] Un orphelin : un enfant qui n'a plus ses parents.
[100] Un villageois : une personne qui habite dans un petit village.
[101] Méchant, -e : qui fait des choses mauvaises.
[102] Un caïlcédrat : un grand arbre (Khaya senegalensis, im Deutschen auch als «Afrikanisches Mahagoni» bezeichnet.
[103] Conseiller : aider quelqu'un en lui donnant des bonnes idées.
[104] Un ver : un petit animal long et mince qui vit dans la terre.

découvrir) le secret de l'arbre. Ils _____ (19 - couper) l'arbre,

l'_____ (20 - brûler) et _____ (21 - jeter) ses cendres[105] dans la

rivière.

Le lendemain, quand le garçon _____ (22 - venir) demander conseil à l'arbre, il

n'_____ (23 - être) plus là. Le garçon _____ (24 - être) très triste,

mais il _____ (25 - chanter) sa chanson quand même. C'est une tourterelle[106]

qui lui_____ (26 - répondre) et lui _____ (27 - donner) des

conseils cette fois. Encore une fois, le garçon _____ (28 - revenir) chez lui sans

problème.

---

[105] Les cendres (f) : la poudre grise qui reste après avoir éteint un feu.
[106] Une tourterelle : un petit oiseau souvent associé à la paix.

Les villageois _____ (29 - être) surpris et en colère. Ils _____ (30 - demander) au chasseur[107] de tuer la tourterelle. Mais il _____ (31 - ne jamais réussir). Il _____ (32 - devenir) fou[108] et court encore aujourd'hui et essaie de tirer sur le ciel parce qu'il croit que la tourterelle est là.

Depuis ce jour, les gens sages[109] disent toujours à leurs enfants de ne jamais faire de mal à une tourterelle.

## Compréhension de texte - Vrai ou Faux ?

| | V | F | |
|---|---|---|---|
| 1. | O | O | L'homme riche possédait uniquement des vaches. |
| 2. | O | O | Le fils a été confié à un grand arbre par son père. |
| 3. | O | O | La mère du petit garçon est morte quand il était adolescent. |
| 4. | O | O | Les gens du village étaient très sympathiques et serviables envers le garçon et son père. |
| 5. | O | O | L'arbre a été détruit par les villageois parce qu'ils étaient curieux et jaloux. |
| 6. | O | O | Le garçon a arrêté de chanter sa chanson après la perte de l'arbre. |
| 7. | O | O | Après la mort de l'arbre, aucun animal n'a pu conseiller le garçon. |
| 8. | O | O | Le chasseur a réussi à tuer la tourterelle sur ordre des villageois. |

---

[107] Un chasseur : une personne qui cherche et tue des animaux
[108] Fou, folle : qui ne pense pas clairement et qui a des comportements étranges.
[109] Sage : qui sont très intelligentes et qui comprennent beaucoup de choses de la vie.

# Grammaire

## Le plus-que-parfait

être ou avoir à l'imparfait + le participe passé

j'avais parlé

Exemple :

J'étais fatigué parce que j'avais mal dormi.

- L'accord du participe passé suit les mêmes règles comme pour le passé composé (voir point 2.3 à la page 6)

**Exemples :**

1. Elle **avait terminé** son travail quand je l'ai appelée.
2. Ils **avaient vécu** en France pendant dix ans avant de déménager en Espagne.
3. Nous **avions étudié** la question avant de prendre une décision.
4. Avant de partir en vacances, ils **avaient vérifié** tous les documents nécessaires.
5. Elle **avait** déjà **voyagé** à travers l'Europe avant de s'installer en Italie.
6. Avant de découvrir la vérité, il **avait** longtemps **cru** à cette histoire.

**Répétition:**

## Le passé récent

Le verbe « venir » au présent    +   de +  l'infinitif      je viens de partir

# Le jeune homme et le lion
## (Conte de Mauritanie)

Il _____ (1 - être) une fois un jeune homme de

la ville qui n'_____ (2 – jamais quitter) sa ville.

Il _____ (3 - décidé) un jour de visiter le village

de ses parents, un petit village caché dans la campagne, près

d'une grande forêt pleine d'animaux sauvages[110], même des lions. Le jeune homme

_____ (4 - ne jamais voir) de lion, ni à la télévision, ni en photo, parce que ces

technologies n'_____ (5 - pas encore arriver) dans son temps.

Les villageois _____ (6 - éviter) la forêt à cause des lions. On

_____ (7 - dire) même que quand les lions _____ (8 - rugir)[111],

les portes des maisons _____ (9 - se fermer) brusquement, les objets comme

les canaris et les marmites[112] _____ (10 - tomber), et tout le monde

_____ (11 - se cacher) chez soi.

Un matin, le jeune homme de la ville,

nommé Demba, _____

(12 - arriver) au village de ses parents.

Il _____ (13 - trouver

rapidement) des amis. Il

_____ (14 - aimer)

surtout Fatou, une belle jeune fille qui

_____ (15 - être) une

---

[110] Les animaux sauvages : les animaux qui vivent librement dans la nature.
[111] Rugir : le bruit fort que font les lions. Le cri du lion.
[112] Une marmite : un grand pot pour cuisiner.

52

cousine éloignée[113]. Ils _____ (16 – décider bientôt) de se marier et, après leur

mariage, Demba _____ (17 - retourner) en ville.

Un an plus tard, Demba _____ (18 - vouloir) s'installer définitivement au

village avec Fatou et leur enfant. Pour célébrer son retour et prouver son courage, il

_____ (19 - proposer) à sa femme de faire une promenade dans la forêt.

Fatou_____ (20 - être) choquée :

"Tu es fou ? Les lions vont nous manger !"

"Tu vas voir, je suis un vrai homme, pas un lâche[114]. Viens avec moi et amène notre fils"

_____ (21 - répondre) Demba.

Fatou _____ (22 - hésiter) mais _____ (23 - suivre) son mari.

Près de la forêt, tout à coup un chacal[115] _____ (24 - apparaitre). Demba

_____ (25 - crier) :

"Voilà, même les lions s'enfuient quand ils me voient."

"Mais ce n'est pas un lion, c'est un chacal", _____ (26 - corriger) Fatou.

"Qu'est-ce que ça peut faire ? " _____ (27 - répondre) Demba.

Peu après, une hyène[116] _____ (28 - croiser) leur chemin. Demba, excité,

_____ (29 - crier) :

"Voilà un lion, il est bien plus grand !"

"Calme-toi, c'est juste une hyène", _____ (30 - expliquer) Fatou.

Ils _____ (31 - marcher) longtemps sans voir de lion. Fatigués, ils

_____ (32 - décider) de se reposer sous un arbre. Pendant qu'ils

---

[113] Éloigné, -e : pas proche, distante.
[114] Un lâche : une personne qui a toujours peur.
[115] Un chacal : un petit animal sauvage qui ressemble à un chien.
[116] Une hyène : un animal sauvage qui ressemble à un chien et qui mange des animaux morts.

_____ (33 - dormir), un lion _____ (34 - s'approcher) d'eux. Le

bébé _____ (35 - se réveiller) le premier et _____ (36 -

commencer) à jouer avec la queue du lion. Quand Fatou _____ (37 - se

réveiller), elle _____ (38 - voir) son enfant jouer avec le lion, elle

_____ (39 - réveiller) Demba en panique :

"Notre enfant est en danger, il joue avec le lion ! "

Demba, quand il _____ (40 - voir) l'animal _____ (41-

demander) :

"C'est ça, un lion ? "

"Oui, c'est ça", _____ (42 - confirmer) Fatou. "Tu vas sauter sur lui ? "

Demba _____ (faire) non de la tête et _____ (43 - retousser)[117]

les manches de sa chemise.

"Tu vas le frapper avec un bâton ? " _____ (44 - demander) à nouveau Fatou.

Il _____ (45 - faire) non de la tête et _____ (46 - dire) à Fatou :

"Donne-moi la main."

"Tu vas fuir[118] ? " _____ (47 - demander) Fatou.

"Oui, s'il plaît à Dieu", _____ (48 - répondre) Demba.

"Et notre fils ? " _____ (49 - demander) Fatou, inquiète.

"On va en faire un autre", _____ (50 - répondre) Demba, déjà en train de

courir.

Heureusement, ce n'_____ (51 - être) pas un lion mais une lionne, qui

_____ (52 - même donner) un peu à boire de son lait au bébé.

---

[117] Retrousser qc : lever ou remonter. Retrousser ses manches signifie se préparer à agir.
[118] Fuir : partir très vite pour échapper à quelque chose ou quelqu'un.

## Compréhension de texte - cochez la réponse correcte :

**1. Pourquoi Demba a-t-il décidé de visiter le village de ses parents ?**
a) Pour chasser des lions.
b) Pour rencontrer sa cousine éloignée, Fatou.
c) Pour découvrir le lieu d'origine de ses parents.
d) Pour s'installer définitivement dans la campagne.

**2. Quelle était la réaction des villageois quand les lions rugissaient ?**
a) Ils organisaient une fête.
b) Ils sortaient pour voir les lions.
c) Les portes des maisons se fermaient brusquement et tout le monde se cachait.
d) Ils allaient chasser les lions.

**3. Que confond Demba lors de sa promenade dans la forêt avec Fatou et leur enfant ?**
a) Un lion avec un chacal.
b) Un lion avec une hyène.
c) Une hyène avec un chacal.
d) a) et b) sont correctes.

**4. Comment Demba prouve-t-il son courage avant d'entrer dans la forêt ?**
a) En chassant un lion seul.
b) En proposant à sa femme de faire une promenade dans la forêt.
c) En criant plus fort que les lions.
d) En construisant une maison près de la forêt.

**5. Que fait le bébé quand un lion s'approche pendant qu'ils dorment ?**
a) Il commence à pleurer.
b) Il joue avec la queue du lion.
c) Il réveille ses parents.
d) Il s'enfuit.

**6. Quelle est la réaction finale de Demba face au lion ?**
a) Il décide de combattre le lion.
b) Il choisit de fuir avec sa femme en laissant derrière eux leur enfant.
c) Il prend un bâton pour frapper le lion.
d) Il se prépare à attaquer le lion avec ses mains.

# Le rire du phacochère[119]
## (Conte du Mali)

Dans la forêt, le lion _____ (1 - être) le roi de tous

les animaux. Il _____ (2 - être) juste et gentil. Un

jour très triste la maman du lion, la Reine Mère,

_____ (3 - mourir).

Pour son enterrement[120], le lion _____ (3 - demander) à tous les animaux de

venir pleurer. Que vous _____ (4 - vouloir) pleurer ou pas, il _____

(5 - falloir) montrer que vous _____ (6 - être) tristes en pleurant.

La hyène _____ (7 - pleurer) beaucoup. L'éléphant, lui aussi, _____

(8 - pleurer) beaucoup. Le phacochère _____ (9 - crier) très fort parce qu'il

_____ (10 - être) très triste. En fait, presque tous les animaux _____

(12 - être) là pour pleurer la Reine Mère. Mais, un animal _____ (13 - manquer),

celui qui _____ (14 - penser) être le plus intelligent de tous parce qu'il

_____ (15 - avoir) de grandes oreilles.

C'_____ (16 - être) le phacochère qui _____ (17 - remarquer) qu'il

_____ (18 - manquer) quelqu'un. Il _____ (19 - aller) le dire au roi

lion, en pleurant encore plus fort :

"Oh roi, regarde ! Moi, je suis là en train de pleurer pour ta maman. L'éléphant est là aussi, en

train de pleurer. La girafe et même la petite pintade pleurent pour ta maman. Mais il y a

quelqu'un qui n'_____ (20 - pas venir) et qui est même content que ta maman

soit morte."

---

[119] Le phacochère : c'est un type de sanglier sauvage que l'on trouve principalement en Afrique subsaharienne (das Warzenschwein).
[120] Un enterrement : la cérémonie pour dire au revoir à une personne morte.

Le lion _____ (21 - se mettre) très en colère et _____ (22 - demander) :

"Qui est-ce ? Dis-moi vite !"

"C'est le petit lièvre", _____ (23 - dire) le phacochère. "Il est content que ta maman soit morte."

Le lion _____ (24 - se mettre) plus en colère et _____ (25 - ordonner) :

"Il faut m'amener[121] le petit lièvre tout de suite, mort ou vivant !"

La petite pintade[122], qui _____ (26 - être) amie avec le petit lièvre, _____ (27 - aller vite) le prévenir[123]. Elle lui _____ (28 - dire) que le phacochère l'_____ (29 - accuser)[124] et qu'il _____ (30 - devoir) vite faire quelque chose s'il ne _____ (31 - vouloir) pas être mangé tout cru.

---

[121] Amener qn : conduire quelqu'un quelque part.

[122] Une pintade : type d'oiseau sauvage ou domestiqué (das Perlhuhn).

[123] Prévenir qn : informer quelqu'un d'un danger ou d'une situation à l'avance.

[124] Accuser : dire qu'une personne est responsable de quelque chose de mauvais.

Le petit lièvre _____ (32 - remercier) son amie et lui _____ (33 - dire) de retourner à l'enterrement pour voir comment il _____ (34 - aller) s'en sortir.

Ensuite, le petit lièvre _____ (35 - prendre) son tambour et _____ (36 - aller) jouer devant le roi. Il _____ (37 - chanter) et _____ (38 - dire) que la pintade _____ (39 - pleurer) pour la Reine Mère mais qu'il _____ (40 - falloir) regarder le phacochère, qui _____ (41 - montrer) ses dents comme pour se moquer.

Le lion _____ (42 - regarder) le phacochère qui tout à coup _____ (43 - essayer) de cacher ses dents mais sans vraiment y réussir, parce qu'on ne peut pas cacher son identité.

Le lion _____ (44 - penser) que le phacochère _____ (45 - se moquer)[125] de lui et _____ (46 - se jeter) sur lui, l'_____ (47 - griffer)[126] et l'_____ (48 - mordre) jusqu'à lui enlever tous ses poils.

C'est pour cette raison que, même aujourd'hui, les vieux phacochères n'ont pas de poils sur la peau.

---

[125] Se moquer de qn : rire de quelqu'un ou de quelque chose de manière méprisante.
[126] Griffer : faire des marques ou des blessures avec les ongles ou les griffes.

# Compréhension de texte - cochez la réponse correcte :

**1. Qui était le roi de tous les animaux dans la forêt ?**
a) L'éléphant
b) Le lion
c) L'hyène
d) Le phacochère

**2. Pourquoi tous les animaux étaient-ils appelés à pleurer ?**
a) Pour célébrer le couronnement du lion
b) Pour la naissance du fils du lion
c) Pour l'enterrement de la Reine Mère
d) Pour le mariage du lion

**3. Quel animal a remarqué l'absence d'un participant à l'enterrement ?**
a) La girafe
b) L'éléphant
c) Le phacochère
d) La pintade

**4. Qui le phacochère a-t-il accusé de ne pas être triste et d'être content de la mort de la Reine Mère ?**
a) La girafe
b) Le petit lièvre
c) L'hyène
d) La pintade

**5. Comment le petit lièvre a-t-il réagi à l'accusation du phacochère ?**
a) Il s'est caché dans la forêt
b) Il a pleuré devant le roi
c) Il a joué du tambour et en chantant devant le roi
d) Il a accusé tous les autres animaux.

**6. Pourquoi les vieux phacochères n'ont-ils pas de poils sur la peau, selon le conte ?**
a) Parce qu'ils sont nés ainsi
b) Parce qu'ils ont été griffés et mordus par le lion
c) Parce qu'ils se rasent pour être plus beaux
d) Parce qu'ils ont perdu leurs poils en vieillissant naturellement

# La jeune femme, la tourterelle et le vieux caïman
## (Conte du Mali)

Youma était une jeune femme qui _____

(1 - perdre) sa mère à sa naissance. Elle

_____ (2 - être) une semi-orpheline[127].

Quand elle _____ (3 - être) très jeune, elle _____ (4 - se

marier) à un homme très jaloux[128]. Cet homme _____ (5 - être) tellement

jaloux qu'il _____ (6 - décider) de vivre seul, loin de tout, dans la forêt.

Chaque soir, quand il _____ (7 - rentrer) de la chasse, il

_____ (8 - battre) Youma. Un soir, il _____ (9 - être)

encore plus cruel. Après l'avoir battue, il _____ (10 - prendre) son fusil[129] et

_____ (11 - menacer) de la tuer. Youma _____ (12 -

avoir) très peur et elle_____ (13 - décider) de fuir[130] dans la nuit.

Elle _____ (14 - vouloir) retourner dans le village de ses parents. Mais il y

_____ (15 - avoir) un grand problème : un grand fleuve[131]

_____ (16 - séparer) le village de ses parents de la maison de son mari.

Dans ce fleuve _____ (17 - vivre) un vieux caïman[132] qui

_____ (18 - manger) les gens. Personne ne _____ (19 -

pouvoir) traverser le fleuve la nuit sans être mangé par le caïman. Youma

---

[127] Un orphelin, une orpheline - Une personne qui a perdu ses parents.
[128] Jaloux, jalouse : Quand on veut ce que les autres ont ou on a peur de perdre quelqu'un qu'on aime beaucoup.
[129] Un fusil - Une arme à feu longue.
[130] Fuir - Partir rapidement pour échapper à quelque chose ou quelqu'un.
[131] Le fleuve : Une très grande rivière qui va jusqu'à la mer.
[132] Un caïman : Un animal qui ressemble à un crocodile, mais généralement plus petit.

_____ (20 - arriver) au bord du fleuve. Elle _____ (21 -

pleurer) et _____ (22 - avoir) très peur. Tout à coup, elle

_____ (23 - voir) quelque chose bouger[133] dans l'eau.

C'_____ (24 - être) le vieux caïman. Il _____ (25 -

s'approcher) de Youma et lui _____ (26 - dire) de monter sur son dos pour

la transporter de l'autre côté.

Youma, _____ (27 - monter) sur le dos du caïman. Il

l'_____ (28 - transporter) de l'autre côté du fleuve. Quand ils

_____ (29 - arriver), le caïman lui _____ (30 - dire) de

garder le secret. Youma _____ (31 - retourner) chez ses parents. Sa belle-

_____

[133] Bouger : faire un mouvement.

mère[134], son père, les anciens du village[135] et les jeunes lui _____ (32 -

demander) comment elle _____ (33 - traverser) le fleuve. À chacun, Youma

_____ (34 - répondre) : "Personne ne m'_____ (35 –

aider)."

Mais un jour, un ami d'enfance lui _____ (36 - poser) la même question.

Elle lui _____ (37 - confier) que c'_____ (38 - être) le

vieux caïman qui l'_____ (39 - aider), mais elle lui _____

(40 - demander) de garder le secret. Ce que Youma _____ (41 - savoir) pas,

c'_____ (42 - être) qu'une petite tourterelle[136] l'_____

(43 - observer). Cette tourterelle _____ (44 - savoir) tout sur l'accord avec

le caïman.

Quand Youma _____ (45 - devoir) retourner chez son mari, elle

_____ (46 - se retrouver) seule au bord du fleuve, en pleine nuit. Elle

_____ (47 - être) là, debout, et ne _____ (48 - savoir) pas

comment traverser. Soudain, le vieux caïman _____ (49 - venir). Il

_____ (50 - nager) vers Youma et _____ (51 - sembler)

prêt à l'aider une nouvelle fois.

Pendant ce temps, perchée sur une branche d'arbre, la petite tourterelle

_____ (52 - chanter) doucement. Son chant _____ (53 -

raconter) l'histoire de Youma : comment elle _____ (54 - arriver) au fleuve,

comment le vieux caïman l'_____ (55 - aider) et comment elle

_____

[134] La belle-mère : La nouvelle femme de ton papa qui n'est pas ta maman biologique.
[135] Les anciens du village - Les personnes âgées et respectées dans un village
[136] Une tourterelle : Un petit oiseau souvent de couleur grise ou brune, connu pour son chant doux.

_____ (56 - révéler) le secret à son ami. La tourterelle

_____ (57 - chanter) : "Son père lui _____ (58 -

demander), elle _____ (59 - dire) : 'Personne'. Sa mère lui

_____ (60 - demander), elle _____ (61 - dire) :

'Personne'. Les anciens l'_____ (62 - interroger), toujours 'Personne'. Mais

quand son ami lui _____ (63 - demander), elle a _____

(64 - révéler) : 'C'est le vieux caïman lui-même qui m'_____ (65 - aider) !'"

Quand il _____ (66 - entendre) ce chant, le vieux caïman

_____ (67 - dire) à la tourterelle : "Ton chant est très beau, mais je

l'entends que d'une oreille. Si tu t'assieds sur ma langue, je pourrai l'entendre avec mes deux

oreilles." La tourterelle, naïve, _____ (68 - croire) le caïman. Elle

_____ (69 - sauter) sur sa langue pour continuer son chant. Mais dès

qu'elle _____ (70 - commender) à chanter, le caïman

_____ (71 - fermer) sa bouche et l' _____ (72 - manger).

Après cela, le vieux caïman _____ (73 - se trourner) vers Youma et lui

_____ (74 - dire) : "Monte, ma fille. Je vais te transporter de l'autre côté du

fleuve." Youma _____ (75 - monter) sur le dos du caïman, et il

l'_____ (76 - emmener) en sécurité.

Le caïman _____ (77 - aider alors) Youma à traverser le fleuve. Il lui

_____ (78 - donner) des trésors et _____ (79 - avertir)

son mari de ne plus jamais la maltraiter. Youma _____ (80 - devenir) riche

et puissante.

# Compréhension de texte - Vrai ou Faux ?

|     | V | F |  |
| --- | --- | --- | --- |
| 1. | O | O | Youma était une jeune femme semi-orpheline. |
| 2. | O | O | Youma a décidé de fuir son mari parce qu'il aimait une autre femme. |
| 3. | O | O | Le vieux caïman a aidé Youma à traverser le fleuve. |
| 4. | O | O | Sa belle-mère, son père et les autres du village lui ont tous demandé comment elle avait traversé le fleuve. |
| 5. | O | O | Youma a révélé à son ami d'enfance le secret sur l'accord avec le caïman. |
| 6. | O | O | La tourterelle a continué son chant sur la langue du caïman. |
| 7. | O | O | Après avoir mangé la tourterelle, le vieux caïman a aidé Youma à traverser le fleuve une deuxième fois. |
| 8. | O | O | Le caïman a averti le mari de Youma de ne plus jamais la maltraiter. |
| 9. | O | O | Youma est devenue riche et puissante après l'aide du caïman. |
| 10. | O | O | Youma a révélé le secret à tout le monde dans le village. |

# Vocabulaire

| Français | Deutsch | English |
|---|---|---|
| Accuser | Anklagen | Accuse |
| Aigle, une | der Adler | The eagle |
| Aigrette, une | der Reiher | The egret |
| Allumette, une | das Streichholz | The match |
| Amener qn | jemanden bringen | Bring someone |
| Anciens du village, les | die Dorfältesten | The village elders |
| Animaux sauvages, les | die Wildtiere | Wild animals |
| Araignée, une | die Spinne | The spider |
| Âne, un | der Esel | The donkey |
| Ânesse, une | die Eselin | The female donkey |
| Belle-mère, la | die Schwiegermutter | The mother-in-law |
| Bec, un | der Schnabel | The beak |
| Bœuf, un | der Ochse | The ox |
| Bouc, un | der Ziegenbock | The goat |
| Bouger | sich bewegen | Move |
| Braire | iahen (für Esel spezifisch) | Bray (specific to donkeys) |
| Branche, une | der Zweig | The branch |
| Brébis, une | das Schaf (Mutterschaf) | The ewe |
| Brousse, la | das Buschland | The bush |
| Caché, -e | versteckt | Hidden |
| Caïlcédrat, un | der Khaya-Baum | The Khaya tree |
| Caïman, un | das Kaiman | The caiman |
| Calao, un | der Hornvogel | The hornbill |
| Capturer | fangen | Capture |
| Célèbre | berühmt | Famous |
| Célébrer | feiern | Celebrate |
| Cendres, les | die Asche | The ashes |
| Cervelle de singe, la | das Affenhirn | The monkey's brain |
| Chacal, un | der Schakal | The jackal |

| Français | Deutsch | English |
|---|---|---|
| Chasseur, un | der Jäger | The hunter |
| Chez lui | bei ihm | At his place |
| Chèvres, une | Eine Ziege | The goat |
| Corbeau, un | der Rabe | The crow |
| Contenir | enthalten | Contain |
| Conseiller | beraten | Advise |
| Cependant | jedoch | However |
| Écraser | zerquetschen | Crush |
| Écraser du mil | Hirse zerquetschen | Crush millet |
| Égorger | die Kehle durchschneiden | Slaughter (cut the throat) |
| Éloigné, -e | entfernt | Distant |
| Emporter | mitnehmen | Take away |
| Emmener qn | jemanden mitnehmen | Take someone along |
| Enclos, un | der Gehege | The enclosure |
| Endroit, un | der Ort | The place |
| Épouse, une | die Ehefrau | The wife |
| Éternuer | niesen | Sneeze |
| Fâcher | verärgern | Anger |
| Famine, la | die Hungersnot | The famine |
| Falloir | müssen | Must (be necessary) |
| Fuir | fliehen | Flee |
| Fou, folle | verrückt | Mad, crazy |
| Fusil, un | das Gewehr | The rifle |
| Génie, un | das Geist | The wraith |
| Gens, les | die Leute | The people |
| Gourmand, -e | naschhaft | Greedy (in the context of eating) |
| Griffer | kratzen | Scratch |
| Grimper | klettern | Climb |
| Guérir | heilen | Heal |
| Guérisseur, un | der Heiler | The healer |
| Hyène, une | die Hyäne | The hyena |
| Inquiétant, -e | beunruhigend | Worrying |
| Jaloux, jalouse | eifersüchtig | Jealous |
| Lâche, un | der Feigling | The coward |
| Lionne, une | die Löwin | The lioness |
| Malheur, un | das Unglück | The misfortune |
| Marché, un | der Markt | The market |
| Marmite, une | der Topf | The pot |

| Français | Deutsch | English |
| --- | --- | --- |
| Méchant, -e | böse | Mean, wicked |
| Mecque, la | Mekka | Mecca |
| Mentir | lügen | Lie |
| Mil, le | die Hirse | The millet |
| Mission, une | die Mission | The mission |
| Mouton, un | das Schaf | The sheep |
| Nénuphar, un | die Seerose | The water lily |
| Oeuf, un | das Ei | The egg |
| Orphelin, un | der Waise | The orphan |
| Oser | wagen | Dare |
| Paix, la | der Frieden | The peace |
| Pastèque, une | die Wassermelone | The watermelon |
| Pâturage, le | die Weide | The pasture |
| Peur, la | die Angst | The fear |
| Phacochère, le | das Warzenschwein | The warthog |
| Plumes, les | die Federn | The feathers |
| Prévenir qn | jemanden warnen | Warn someone |
| Punir | bestrafen | Punish |
| Ramener | zurückbringen | Bring back |
| Reconnaissante | dankbar (feminin) | Grateful (feminine) |
| Rencontrer | treffen | Meet |
| Repas, un | die Mahlzeit | The meal |
| Réparer | reparieren | Repair |
| Retrousser qc | etw. hochkrempeln | Roll up something |
| Rivière, une | der Fluss | The river |
| Rugir | brüllen | Roar |
| Ruse, une | die List | The trick |
| Sage | weise | Wise |
| Sauver | retten | Save |
| Se disputer | sich streiten | Argue |
| Se moquer de qn | sich über jmdn. lustig machen | Mock someone |
| S'enfuir | fliehen | Flee |
| Serpent, un | die Schlange | The snake |
| Sécheresse, la | die Dürre | The drought |
| Supplier | flehen | Beg |
| Tordu | verdreht | Twisted |
| Tourterelle, une | die Turteltaube | The dove (specifically, the turtledove) |

| Français | Deutsch | English |
|---|---|---|
| Tuer | töten | Kill |
| Union, une | die Union | The union |
| Ver, un | der Wurm | The worm |
| Vieillard, un | der Greis | The old man |
| Villageois, un | der Dorfbewohner | The villager |
| Voler | fliegen / stehlen (abhängig vom Kontext) | Fly / Steal (depending on context) |
| Vautour, un | der Geier | The vulture |
| Voisin, un | der Nachbar | The neighbor |
| Woloof | Wolof (Sprache in Senegal) | Wolof (language in Senegal) |

**Les pays et les langues sur le continent Africain.**

# Solutions

**Exercice 1 : Trouve l'indicatif passé composé et l'indicatif imparfait de ces verbes.**

1. ont tenu, tenaient; 2. ai dit, disais,; 3. avez payé, payiez; 4. a vécu, vivait; 5. a plu, pleuvait; 6. avons changé, changions; 7. as traduit, traduisais; 8. se sont appelés, s'appelaient; 9. avons acheté, achetions; 10. êtes allés, alliez; 11. a nettoyé, nettoyait; 12. ai lu, lisais; 13. avez fait, faisiez; 14. ont voulu, voulaient; 15. sommes morts, mourions; 16. as attendu, attendais; 17. a eu, avait, aurait; 18. avons écrit, écrivions; 19. êtes sortis, sortiez; 20. ont mangé, mangeaient; 21. ai été, étais; 22. avez jeté, jetiez; 23. ont bu, buvaient; 24. ai mis, mettais; 25. as offert, offrais; 26. est venu, venait; 27. avons construit, construisions; 28. avez su, saviez.

**Exercice 2 : Trouve l'indicatif passé composé et l'indicatif imparfait de ces verbes.**

1. as choisi, choisissais; 2. ont fait, faisaient; 3. ai vu, voyais; 4. est sorti, sortait; 5. avez eu, aviez; 6. avons appris, apprenions; 7. sont venus, venaient; 8. ai essayé, essayais; 9. t'es assis, t'asseyais; 10. a plu, pleuvait, pleuvra; 11. ont conduit, conduisaient; 12. êtes morts, mouriez; 13. avons écrit, écrivions; 14. a payé, payait; 15. ai dû, devais; 16. ont envoyé, envoyaient; 17. avons bu, buvions; 18. avez connu, connaissiez; 19. s'est promené, se promenait; 20. êtes partis, partiez; 21. avons su, savions; 22. ont acheté, achetaient; 23. ai mangé, mangeais; 24. ai nettoyé, nettoyais; 25. a attendu, attendait; 26. avons plu, plaisions; 27. avez rangé, rangiez; 28. a traduit, traduisait.

## La chèvre et le vieillard
### (Conte africain)

Il y a très longtemps, dans un petit village avec des arbres partout, **vivait** seul un vieil homme laid avec une chèvre. Il l'**aimait** beaucoup. La chèvre **était** très vieille mais elle **ne mourait pas** parce qu'elle l'**aimait**. Le vieil homme **voulait** des enfants. Un jour, quand le vieil homme **est allé** couper du bois, sa chèvre, pour lui montrer son amour, **est allée** voir le génie de l'arbre. Quand elle **est arrivée**, le génie **a demandé** : "Qu'est-ce que tu veux, petit animal ?" "Je veux rendre mon maître heureux." "Comment est-ce que je peux t'aider ?" "Mon maître veut des enfants et je veux lui en apporter." Alors le génie **a réfléchi** et **a dit** : "Je peux te transformer en femme." La chèvre **était** très heureuse à l'idée de rendre le vieil homme heureux. C'est à ce moment que le génie **a dit** une phrase bizarre : "Kalakou, Kalakou, bérékoukiiiiiii !" Et la chèvre **est devenue** une belle femme : "Je te remercie, grand génie de l'arbre." Quand elle **est partie**, le génie **a crié** : "Tu vas sacrifier ton cinquième enfant sur mon arbre." Elle **est rentrée** sans écouter le génie. Quand le vieil homme **est rentré** chez lui, il **a été** surpris de trouver une femme. Elle l'**a rassuré** : "C'est moi, ta chèvre ! Je **suis allée** voir le génie pour me faire transformer en femme et avoir des enfants comme tu le **voulais**." Le vieil homme l'**a reconnue**. Ils **ont eu** un premier enfant, puis un deuxième, un troisième, un quatrième, et un cinquième. Pendant longtemps ils **ont vécu** heureux et sans problèmes. Un jour, pendant que les enfants **jouaient** dans la forêt, le cinquième enfant **s'est caché** derrière un arbre. L'arbre l'**a attrapé** et **a commencé** à le manger. Il **chantait** : "Bori, bori, djinamori, bori Bori djinamori Ka ta fo m'bayé Djinamori bori Bori djinamori" Les autres enfants **ont entendu** les cris et **ont prévenu** leur mère : "Maman, maman..." La mère **a entendu** et **a demandé** : "Qu'est-ce qui se passe, mes petits ?" "L'arbre mange Bourouki et il chante : 'Bori, bori, djinamori, bori Bori djinamori Ka ta fo m'bayé Djinamori bori Bori djinamori'" Alors la femme **s'est souvenue** de ce que le génie avait dit. Elle **est allée** le voir avec le vieil homme. Elle **a dit** au génie : "Rends-moi mon enfant !" Le génie **a répondu** : "Tu dois sacrifier ton cinquième enfant sur mon arbre, souviens-toi. Alors je le prends!" La femme **a répondu** : "Mais tu n'**a pas précisé** à quel âge je **devais** le sacrifier. C'est une erreur selon les droits des génies. Tu dois me le rendre." Le génie **a réfléchi** et a admis : "C'est vrai, tu as raison, je dois te le rendre." Ils **sont repartis** avec les cinq enfants et **ont vécu** heureux.

## Compréhension de texte - cochez la réponse correcte :

1. Une chèvre
2. Pour devenir une femme
3. Une belle femme
4. Cinq
5. Dans la forêt
6. L'arbre le prend
7. Pour retrouver son enfant
8. Non
9. Heureux
10. Il est possible de corriger ses erreurs.

## Comment le lion est devenu roi
### (Conte du Mali)

Au début, le lion **n'était** pas le roi des animaux. C'**était** Dankélé, un grand buffle noir. Tout le monde **avait** peur de Dankélé parce qu'il **était** méchant. Il y **avait** une rivière où tous les animaux **allaient** boire. Mais Dankélé **buvait** toujours en premier. Après lui, l'eau **était** sale, mais personne ne **pouvait** rien dire. Un jour, une lionne **a eu** un bébé lion. Le bébé lion **avait** très soif. La lionne ne **voulait** pas attendre Dankélé, alors elle **a donné** de l'eau à son bébé. Elle **a aussi bu** un peu. Quand Dankélé **est arrivé**, il **a vu** que quelqu'un avait déjà bu. Il **était** très en colère. Il **a demandé** qui avait bu. L'hyène **a dit** que c'**était** la lionne. Alors, Dankélé **était** très en colère contre la lionne et **l'a tué**. Le bébé lion **avait** peur et il **est allé** se cacher.

Les années sont passées et le bébé lion **est devenu** grand. Il **se souvenait** de ce que Dankélé avait fait à sa maman. Un jour, il **est allé** voir Dankélé et lui **a demandé** pourquoi il avait fait ça. Dankélé **a dit** que c'était la règle. Mais le lion n'**était** pas d'accord. Il **pensait** que c'**était** injuste. Alors, il **a décidé** de changer les choses.

71

Le lion **a battu** Dankélé et **est devenu** le roi des animaux. Il **voulait** être un bon roi. Il **a dit** aux animaux qu'ils **pouvaient** tous boire de l'eau quand ils **voulaient**. Depuis ce jour, tout le monde aime le lion parce qu'il est juste et gentil.

### Compréhension de texte - Vrai ou Faux ?

1. **Faux** - Au début, le lion n'était pas le roi des animaux.
2. **Faux** - Dankélé était un grand buffle noir, pas blanc.
3. **Vrai** - Tous les animaux avaient peur de Dankélé.
4. **Faux** - Dankélé buvait toujours en premier à la rivière, il ne laissait pas les autres animaux boire avant lui.
5. **Vrai** - La lionne a donné de l'eau à son bébé lion avant Dankélé.
6. **Faux** - L'hyène a accusé la lionne, pas le bébé lion.
7. **Faux** - Le bébé lion a eu peur et est allé se cacher après l'incident, il n'est pas resté avec Dankélé.
8. **Faux** - Quand le lion est devenu grand, il se souvenait de ce que Dankélé avait fait.
9. **Vrai** - Le lion est devenu le roi des animaux après avoir battu Dankélé.
10. **Faux** - Depuis que le lion est devenu roi, tous les animaux pouvaient boire de l'eau quand ils voulaient; ils ne devaient pas attendre leur tour.

### La ruse de Gayndé le lion
### (Conte de Mauritanie)

Trois bœufs **habitaient** ensemble dans une grande forêt, loin de tous les autres animaux. Cette forêt **était** un endroit parfait pour eux parce qu'il y **avait** beaucoup d'eau et de nourriture. Ils **étaient** très contents et **faisaient** souvent la fête et ils **dansaient** et **chantaient** "mazeyenkoum, mazeyenkoum", et **se disaient** les uns aux autres qu'ils **étaient** jolis et beaux. Ces trois bœufs n'**étaient** pas de la même couleur : l'un **était** blanc, l'autre noir, et le dernier **était** brun. Un jour, Gayndé, le lion, **est venu** leur rendre visite et leur **a demandé** s'il **pouvait** rester quelques jours avec eux. Ils **ont accepté** sa demande et **ont continué** à vivre normalement. Mais le lion **avait** un plan : il **voulait** manger les bœufs. Cependant, comme ils **étaient** toujours ensemble, il ne **trouvait** pas l'occasion de le faire. Alors, un soir, il **s'est approché** du bœuf blanc et du bœuf brun et leur **a dit** tout bas : "J'**ai remarqué** quelque chose que vous n'**avez pas vu** : ce bœuf noir est vraiment trop gourmand. Il mange tout le pâturage et boit toute l'eau. Si vous ne faites rien, il va tout finir et vous allez mourir de faim. J'**ai même vu** qu'il prenait toute la place dans l'enclos où vous dormiez. Il faut le tuer avant qu'il ne soit trop tard !" Mais les deux bœufs **ont répondu** fermement au lion : "Non, nous refusons. C'est notre frère." Le lendemain, le bœuf blanc et le bœuf brun **ont commencé** à observer comment le bœuf noir **mangeait** et buvait. Quand ils **se reposaient**, lui **continuait** à manger et à boire normalement. Une semaine plus tard, le lion **est revenu** voir le bœuf blanc et le bœuf brun pour leur faire la même proposition. Cette fois, leur refus **était** moins ferme: "Non, non, c'est notre frère." Avec le temps, ils **prêtaient** encore plus attention au bœuf noir. À la fin de la troisième semaine, après la fête du soir, ils **ont fini** par aider le lion à tuer le bœuf noir. Le lion **a mangé** le bœuf noir immédiatement. Un mois plus tard, le lion **a parlé** au bœuf brun en secret : "Regarde ce bœuf blanc, il est différent de nous. Toi et moi, nous sommes bruns, mais lui, il est blanc. Si nous le tuons, nous allons être les seuls dans cette forêt avec notre belle couleur." Le bœuf brun, qui **ne comprenait pas** la ruse du lion, **a aidé** le lion à tuer le bœuf blanc. Le lion l'**a mangé** sur place. Quand il ne **restait** plus que le bœuf brun avec le lion dans la forêt, le lion **a mangé** le bœuf brun sans problème.
On dit en woloof : « mboloo moy dooley » (c'est l'union qui fait la force).

### Compréhension de texte - cochez la réponse correcte :

1. b) Dans une grande forêt
2. c) Manger les bœufs
3. a) En leur disant que le bœuf noir était trop gourmand
4. b) Ils ont refusé fermement
5. c) En le divisant sur la base de la couleur
6. c) « C'est l'union qui fait la force »

### Les trois vérités de Bouc
### (Conte du Sénégal)

Il **était** une fois, Bouc qui **aimait** beaucoup la religion musulmane et **voulait** devenir musulman. Il **a décidé** de faire un voyage à la Mecque. Sur son chemin, il **a rencontré** Hyène. Hyène lui **a demandé** : "Salut, Bouc ! Où vas-tu comme ça tout seul ?" Bouc **a répondu** : "Je vais à la Mecque. Je **suis devenu** musulman." Hyène lui **a dit** : "Alors, tu es au bon endroit. La Mecque, c'est ici." Bouc, qui avait compris ce qu'Hyène **voulait** vraiment, l'**a supplié** : "S'il te plaît, ne me fais pas de mal. J'ai une famille." Hyène **a éternué** puis **a demandé** : "Tu ne vas pas partir sans me dire trois grandes vérités." Bouc **a pensé** un peu et **a dit** : "Si je savais que ce chemin me mènerait à toi, je ne l'aurais jamais pris." Hyène **a accepté** : "C'est vrai. Ça, c'est une vérité." Ensuite, Bouc **a dit** : "Si je retourne au village et je raconte que j'**ai vu** Hyène, tout le monde va dire que je mens." Hyène **a répondu** : "C'est vrai aussi. Deux vérités." Il **restait** une vérité. Bouc **a dit** : "Une chose est sûre." Hyène **a demandé** : "Laquelle ?" Bouc **a répondu** : "Si tu parles autant, c'est parce que tu n'as pas vraiment faim." Hyène **a dit** : "C'est exact ! Tu peux partir." Et Bouc **s'est rapidement enfui** et **a sauvé** sa vie.

### Compréhension de texte - Vrai ou Faux ?

1. **Vrai** - Bouc a rencontré Hyène en chemin vers la Mecque.
2. **Faux** - Hyène n'a pas immédiatement menacé Bouc lors de leur rencontre; elle a d'abord posé des questions.
3. **Vrai** - Hyène a prétendu que la Mecque se trouvait à l'endroit où ils se sont rencontrés.
4. **Faux** - Bouc n'a pas réussi à convaincre Hyène de ne pas lui faire de mal en lui promettant de l'argent; il l'a fait en disant trois vérités.

5. **Vrai** - La première vérité que Bouc a dite à Hyène était qu'il ne prendrait jamais le chemin s'il savait qu'il rencontrerait Hyène.
6. **Vrai** - Selon Bouc, personne ne croirait qu'il a rencontré Hyène s'il retournait au village.
7. **Vrai** - La dernière vérité que Bouc a révélée était que Hyène n'avait pas vraiment faim.
8. **Faux** - À la fin, Hyène n'a pas attrapé Bouc; Bouc s'est enfui rapidement et a sauvé sa vie.

## Golo, les singes et leur chef
### (Conte de Mauritanie)

Dans le pays des singes appelés "golos", la vie **devenait** difficile. Il n'avait pas plu depuis longtemps, donc il n'y **avait** plus de mil ou de maïs à prendre dans les champs. Il n'y **avait** plus de melons ou de pastèques et même les racines de nénuphars avaient disparu. C'**était** à cause de la sécheresse et il y **avait** une famine. Le chef des singes **a décidé** de réunir tous les singes pour trouver une solution. Il **a promis** d'aller chercher un autre endroit où ils pourraient trouver de la nourriture et de l'eau. Le lendemain, très tôt, le chef **est parti**. Il **a marché** pendant un jour, puis une semaine, et après un mois, il **a trouvé** un endroit merveilleux. Il y **avait** beaucoup d'eau, d'arbres fruitiers, de champs de mil et de maïs, et des pastèques partout. Le chef **a d'abord mangé**, puis il **s'est reposé** sur un arbre pour observer cet endroit magique. Avant de partir, il **a vu** quelque chose qui l'**a inquiété**, mais il **est quand même rentré** rapidement pour donner la bonne nouvelle à son peuple. Quand il **est revenu**, il **a dit** aux autres : "J'**ai trouvé** un endroit parfait avec beaucoup de nourriture et d'eau, mais j'**ai vu** quelque chose d'inquiétant là-bas." "Qu'**avez-vous vu** ?" **ont demandé** les autres, tous ensemble. "Il y a un village de paysans pas loin, et j'**ai vu** une fille qui **écrasait** du mil. Des chèvres et des brebis **sautaient** autour d'elle. Le fils du chef du village **jouait** avec ces animaux. Quand les animaux **voulaient** manger le mil, la fille **a commencé** à les chasser avec son bâton !" "Et alors, pourquoi ça nous concerne ?" **ont dit** les autres. Ce qui compte pour nous, c'est de manger et de boire." Ils **sont donc partis** le lendemain et **se sont installés** dans ce nouvel endroit. Ils y **ont bien vécu** pendant des mois. Mais un jour, une fille, qui **voulait** chasser une chèvre par accident **a frappé** le fils du chef du village et l'**a blessé** à la tête. Le père du garçon **a appelé** tous les guérisseurs qui **ont dit** qu'ils **avaient** besoin de la cervelle de singe pour le guérir. Rapidement, les jeunes du village **ont capturé** tous les singes et les **ont attachés** aux arbres, tête en bas. Les singes **ont demandé** conseil à leur chef, qui leur **a dit** : "Vous ne m'**avez pas écouté** quand ma tête était en haut, maintenant que ma tête est en bas, que puis-je dire ?"
Et c'est ainsi que l'histoire se termine, et celui qui respire le premier va au Paradis.

### Compréhension de texte - cochez la réponse correcte :
1. c) Il n'a pas plu depuis longtemps.
2. b) De partir à la recherche d'un nouvel endroit.
3. b) Un endroit merveilleux avec beaucoup d'eau et de nourriture.
4. c) Ils sont indifférents et se concentrent sur la nourriture et l'eau.
5. c) Une fille a blessant le fils du chef du village.
6. a) L'importance de l'écoute et de la prudence.

## Le chasseur et le génie voleur de femmes
### (Conte du Sénégal)

Dans un petit village, il **y avait** un génie qui **volait** les épouses des nouveaux mariés. Quand un homme **se mariait**, le génie **venait** prendre sa femme. Un chasseur courageux **a entendu** parler de cette histoire et **a décidé** de se marier dans ce village pour voir si le génie allait aussi lui prendre sa femme.
Il **est allé** dans le village où le génie **volait** les femmes. On **a fait** une grande fête pour lui. Le roi lui **a demandé** pourquoi il était venu, et le chasseur **a expliqué** qu'il **voulait** se marier. Le roi lui **a dit** que ce n'**était** pas possible et que le génie allait prendre sa femme, mais le chasseur **a insisté** et **a dit** qu'il **voulait** combattre le génie.
Le roi **a accepté** et lui **a donné** sa fille en mariage. Ils **ont célébré** le mariage pendant trois jours. Quand les invités **sont partis**, le chasseur et sa nouvelle épouse **sont allés** dans leur chambre. Mais quand il **a voulu** la toucher, elle avait disparu. Le génie l'avait prise!
Le chasseur **est allé** voir un sage qui lui **a dit** que le génie emportait les femmes de l'autre côté de la rivière. Pour les sauver, il **devait** tuer le génie. Le sage **a expliqué** que le génie **était** caché dans beaucoup d'animaux : une grande antilope **contenait** une plus petite, qui **contenait** un corbeau, qui **contenait** un œuf. Le chasseur **devait** écraser cet œuf pour libérer toutes les femmes.
Le sage **a aussi dit** que l'antilope **allait** à un certain endroit pour boire de l'eau tous les jours. Le chasseur **a pris** son sac et son chien et il **est parti**. Sur son chemin, il **a rencontré** un lion qui **voulait** l'attaquer, mais quand le chasseur **a expliqué** sa mission, le lion **a décidé** de l'aider. Plus tard, une aigle **est venue** avec le chasseur, son chien et le lion.
Ils **sont arrivés** à la rivière et **ont attendu** l'antilope. Quand elle **est arrivée**, le lion **a attaqué** la grande antilope. Le chien **a tué** la petite antilope. L'aigle **a chassé** le corbeau et l'homme **a écrasé** l'œuf. Quand le chasseur **a écrasé** l'œuf, il **a vu** les femmes de l'autre côté de la rivière. Le chasseur **a appelé** les gens du village pour les aider à traverser la rivière et retrouver leurs femmes. Le chasseur **a retrouvé** sa femme et **est rentré** chez lui. Et c'est comme ça que l'histoire du chasseur et du génie **est devenue** célèbre.

### Compréhension de texte - Vrai ou Faux ?
1. **Vrai** - Il y avait un génie qui volait les épouses des nouveaux mariés dans le petit village.
2. **Vrai** - Le chasseur a entendu parler de l'histoire du génie et a décidé de se marier dans ce village.
3. **Faux** - Le roi a accepté de donner sa fille en mariage au chasseur, même s'il était préoccupé par la possibilité que le génie vole sa fille.
4. **Vrai** - La femme du chasseur a disparu de leur chambre le jour de leur mariage, prise par le génie.

5. **Vrai** - Le sage a conseillé au chasseur de tuer le génie pour sauver toutes les femmes.
6. **Vrai** - Le sage a expliqué que le génie était caché dans une série d'animaux : une grande antilope, une plus petite antilope, un corbeau, et un œuf.
7. **Vrai** - Le lion a décidé d'aider le chasseur après avoir entendu sa mission.
8. **Vrai** - Le chasseur a écrasé l'œuf pour libérer les femmes retenues par le génie.
9. **Vrai** - Le chasseur a appelé les gens du village pour les aider à traverser la rivière et retrouver leurs femmes.
10. **Vrai** - Le chasseur a retrouvé sa femme et est retourné chez lui, ce qui a rendu célèbre son histoire.

## Banta et la tortue qui chante
### (Conte du Mali)

Banta **était** un chasseur très fort. Tous les animaux **avaient** peur de lui. Chaque soir, il **ramenait** beaucoup d'animaux chez lui à la maison. Il **tuait** plus qu'il ne **fallait** et **aimait** ça. Il **aimait** aussi raconter ses histoires de chasse. Un jour, les animaux **se sont réunis** pour trouver un plan contre Banta. Mais ils **avaient** tous peur. Même le lion, le rhinocéros et l'éléphant n'**osaient** pas le défier. Seule une petite tortue **avait** le courage de proposer un plan. Le jour suivant, Banta n'**a trouvé** aucun animal à chasser. Quand il **est rentré** à la maison, il **a entendu** une tortue qui **jouait** de la musique. Il l'**a prise** pour l'offrir à ses enfants. La musique de la tortue **plaisait** à tout le monde. Banta **a voulu** montrer la tortue au roi. Il **a dit** au roi que la tortue **pouvait** chanter. Le roi **a voulu** la voir chanter devant tout le monde. Mais le soir, quand Banta **a demandé** à la tortue de chanter, elle **est restée** silencieuse. Le roi **a été** très fâché et **a décidé** de punir Banta. Pendant que Banta **était** puni, la tortue **s'est remise** à jouer de la musique.

## Compréhension de texte - Vrai ou Faux ?
1. **Vrai** - Banta était un chasseur qui tuait plus d'animaux que nécessaire.
2. **Faux** - Les autres animaux de la savane n'étaient pas trop courageux pour affronter Banta; ils avaient tous peur.
3. **Faux** - Le lion, le rhinocéros, et l'éléphant étaient présents lors de la réunion des animaux mais n'osaient pas le défier.
4. **Vrai** - Une petite tortue s'est portée volontaire pour défier Banta.
5. **Vrai** - Banta est rentré chez lui un jour sans avoir trouvé aucun animal à chasser.
6. **Vrai** - Banta a décidé d'offrir la tortue à ses enfants pour les amuser.
7. **Faux** - Banta n'a pas réussi à impressionner le roi avec la tortue qui chantait, car la tortue est restée silencieuse.
8. **Faux** - La tortue n'a pas chanté devant toute la cour du roi; elle est restée silencieuse.
9. **Faux** - Le texte ne mentionne pas que le roi a ordonné de pendre Banta immédiatement pour s'être moqué de lui. Il mentionne que le roi a décidé de punir Banta, mais la méthode exacte de punition n'est pas précisée.
10. **Vrai** - La tortue s'est mise à jouer de la musique pendant que Banta était puni.

## Fari l'ânesse
### (Conte du Sénégal)

Il **était** une fois une très belle femme, tellement belle qu'on ne **pouvait** pas penser qu'elle **était** humaine. Un roi l'**a vue** et **a décidé** de l'épouser. Il **est allé** la chercher, **a organisé** le mariage, et l'**a amenée** chez lui. Mais, cette femme **avait** un secret : elle n'**était** pas humaine, elle **était** une ânesse. Chaque jour, elle **disait** qu'elle **allait** uriner ou se promener, mais en réalité, elle **se transformait** en ânesse pour rejoindre d'autres ânes derrière le village. Elle **a continué** à faire cela jusqu'au jour où elle **a dit** qu'elle **voulait** rendre visite à ses parents, loin. Le roi l'**a laissée** partir, mais en fait, elle **est allée** retrouver les ânes sauvages. Elle **s'est transformée** en ânesse et **est restée** avec eux. Un homme l'**a vue** se transformer. Il **est allé** dire au roi ce qu'il avait vu. Il **a dit** au roi : "Oh, roi, je jure, je vais te dire quelque chose, et si ce n'est pas vrai, tu peux me tuer !" Le roi **a répondu** : "Ah Naar, moi, les menteurs, je les tue!" L'homme **a insisté** : "Je jure ! Bour, ce que je dis est vrai, je le jure ! Ta femme, qui est si belle, c'est une ânesse, ce n'est pas une personne." Le roi **a demandé** : "Ah oui ?" Et l'homme **a confirmé** : "Oui !" Le roi **a dit** : "C'est bien." Alors, le Naar **a proposé** : "Si elle te demande encore la permission de sortir, laisse quelqu'un venir avec moi, ou toi-même, suis-moi." Un autre jour, la femme **a demandé** au roi si elle **pouvait** sortir. "D'accord," **a dit** le roi. Naar, accompagné par un soldat, **a suivi** la femme jusqu'à la brousse où elle **s'est transformée** et **a retrouvé** les ânes. Ils **ont commencé** à braire ensemble. Les deux hommes **sont rentrés** chez le roi. Le soldat **a dit** au roi : "Oh roi, par Dieu ! Ce que Naar **a dit** est vrai, je le jure !" Le roi **a répondu** : "C'est bien, je vais voir cela moi-même." Quand la femme **a voulu** sortir à nouveau, le roi **a décidé** de la suivre. Elle **s'est transformée** en ânesse au centre de la cour. Le roi **a pris** son fusil, **a tiré** sur elle, et elle **est morte**. Après ça, le roi **a appelé** Naar et le soldat pour leur donner des cadeaux.

## Compréhension de texte - Vrai ou Faux ?
1. Vrai - La femme était si belle que tout le monde la considérait comme surnaturelle.
2. Faux - Le roi n'a pas découvert le secret de la femme avant leur mariage.
3. Vrai - La femme se transformait en ânesse pour passer du temps avec des ânes sauvages derrière le village.
4. Faux - La femme a été fidèle à sa nature d'ânesse, pas humaine, tout au long de l'histoire.
5. Vrai - Un homme a révélé le secret de la femme au roi.
6. Faux - Le roi a décidé de vérifier la vérité des affirmations de l'homme avant de prendre une décision.
7. Vrai - La femme s'est transformée en ânesse en présence du roi.
8. Faux - Après avoir découvert la vérité, le roi a tué la femme transformée en ânesse.

## Le canari merveilleux
### (Conte africain)

Baffo **était** une petite fille qui n'**était** pas sage. Elle **se disputait** tout le temps avec les autres enfants et ne **voulait** pas étudier. Elle **aimait** aussi toucher à tout ce qu'elle **voyait**. Ses parents **essayaient** de la punir, mais cela ne **changeait** rien. Un jour, au marché, Baffo **a vu** de petits oiseaux blancs. Elle en **a pris** un et **a demandé** combien il **coûtait** à un homme qui **était** là. L'homme **a dit** qu'il ne **savait** pas et que l'oiseau **n'était** pas à vendre. Mais Baffo **n'a pas écouté**, elle **a laissé** de l'argent et **est partie** avec l'oiseau.

Les petits oiseaux blancs **étaient** en fait des aigrettes qui **devenaient** des canaris à chaque jour de marché, pour vivre un peu au milieu des hommes.

L'oiseau **est redevenu** aigrette avant que Baffo rentre chez elle. L'aigrette **a pris** Baffo et l'**a emmenée** en haut d'un grand arbre. Ensuite, elle **a volé** et **a laissé** Baffo sur une branche. Baffo **a crié** pour que quelqu'un appelle ses parents. Quand ils **sont arrivés** avec leur chien noir, le chien **a grimpé** à l'arbre et **a ramené** Baffo.

Après ça, Baffo **est devenue** plus sage. Elle **était** reconnaissante envers le gros chien noir et lui **donnait** toujours un peu de son repas pour le remercier de l'avoir sauvée.

### Compréhension de texte - Vrai ou Faux ?

1. Faux - Baffo était une petite fille qui n'aimait pas étudier.
2. Vrai - Baffo a pris un petit oiseau blanc au marché sans l'acheter.
3. Faux - Les parents de Baffo n'ont pas réussi à la rendre sage après l'avoir punie.
4. Vrai - L'oiseau que Baffo a pris au marché était en réalité une aigrette qui pouvait devenir canari.
5. Faux - Les petits oiseaux blancs devenaient des canaris à chaque jour de marché, pas uniquement la nuit.
6. Faux - L'homme au marché a informé Baffo que l'oiseau n'était pas à vendre.
7. Vrai - L'aigrette a emmené Baffo en haut d'un arbre, ce qui pourrait être interprété comme une forme de punition.
8. Faux - Baffo ne s'est pas sauvée toute seule de l'arbre.
9. Vrai - Le chien noir de la famille a aidé à sauver Baffo.
10. Faux - Après cette aventure, Baffo est devenue plus sage.
11. Faux - Baffo est reconnaissante envers le gros chien noir qui l'a sauvée, pas l'aigrette.
12. Vrai - Baffo a appris à être reconnaissante et à partager son repas avec le chien noir après son aventure.

### Les trois amis
#### (Conte du Mali)

Il y a très longtemps (oui c'**était** au commencement du monde), trois amis - le vautour, le calao, et la poule - **étaient** malades. Le vautour **a perdu** ses plumes sur la tête, le calao **avait** un problème avec son bec, et la poule **avait** mal aux pattes. Ils **ont commencé** à chanter pour que Dieu les entende : « Adaunia Nomba Dauni Nomba yôyé Dauni Nomba Inden sanga nomba kôyé La vie ici, c'est une drôle de vie ! On dirait que la vie est mise en vente.»

Mais Dieu ne leur **a pas répondu**. Alors, ils **ont décidé** d'aller le voir pour qu'il les guérisse. La poule leur **a dit** d'attendre parce que Dieu allait bientôt venir et qu'ils ne devraient pas le fâcher. Mais le vautour et le calao ne l'**ont pas écoutée** et **sont partis** vers le ciel. Pendant qu'ils **montaient**, Dieu **est arrivé** et **a guéri** la poule. Depuis ce jour, le vautour n'a plus de plumes sur la tête et le bec du calao est tordu. Ils cherchent encore Dieu dans le ciel.

### Compréhension de texte - Vrai ou Faux ?

1. **Faux** - Il y avait trois amis au commencement du monde qui étaient malades, pas quatre.
2. **Vrai** - Le vautour perdait ses plumes sur la tête à cause de sa maladie.
3. **Faux** - Le calao avait un problème avec son bec, pas ses pattes.
4. **Vrai** - Les trois amis ont chanté une chanson pour attirer l'attention de Dieu sur leur maladie.
5. **Faux** - Dieu n'a pas immédiatement répondu à leur chanson et n'a pas guéri tous les trois; il n'a guéri que la poule.
6. **Vrai** - La poule a conseillé de ne pas aller voir Dieu, parce qu'elle craignait de le fâcher.
7. **Faux** - Le vautour et le calao sont partis vers le ciel pour trouver Dieu, pas seulement le vautour.
8. **Faux** - Depuis leur voyage, le vautour n'a plus de plumes sur la tête et le bec du calao est tordu.

### Un malheur ne vient jamais seul
#### (Conte du Sénégal)

Il **était** une fois une vieille dame qui **vivait** dans une maison avec un serpent et un oiseau. À chaque fois que l'oiseau **faisait** un œuf, le serpent le **mangeait**. L'oiseau, très triste, **a dit** à la vieille dame : "Les problèmes n'arrivent jamais seuls, et c'est seulement en vivant en paix qu'on peut être de bons voisins. Peux-tu dire au serpent d'arrêter de manger mes œufs ?" Mais la vieille dame **a répondu** : "Pourquoi devrais-je m'occuper d'un problème entre un serpent et un oiseau ? Cela ne me regarde pas. Va demander à quelqu'un d'autre !" Alors, l'oiseau **est allé** voir la souris. La souris, après avoir écouté l'oiseau, **a dit** : "Je ne peux pas aider. Si la vieille dame me voit, elle va me tuer. Ce problème ne me concerne pas. Va voir quelqu'un d'autre." L'oiseau **a répondu** : "D'accord, les problèmes n'arrivent jamais seuls." L'oiseau **a demandé ensuite** de l'aide à l'araignée, qui **a dit** : "Je ne peux pas aider non plus. La vieille dame détruit toujours ma toile. Ce n'est pas mon problème. Va voir quelqu'un d'autre." L'oiseau **a aussi parlé** au chien, qui **a répondu** : "Je garde la maison toute la nuit, mais je ne mange que les restes. Je ne peux pas t'aider. Ce n'est pas mon problème." Puis, l'oiseau **est allé** voir l'âne, qui lui **a dit** : "La vieille dame me charge de lourds fardeaux et me bat. Je ne veux pas m'impliquer dans ton problème avec le serpent." L'oiseau **a aussi demandé** de l'aide au coq, qui **a répondu** : "La vieille dame veut m'égorger quand elle a des invités. Je ne peux pas t'aider." Finalement, l'oiseau **a parlé** au mouton, qui **a dit** : "La vieille dame me garde pour m'égorger pendant la Tabaski. Je ne veux pas m'impliquer." Après avoir échoué à obtenir de l'aide, l'oiseau **a décidé** d'agir seul. Il **a pris** une allumette et **a mis** le feu à la maison. La vieille dame, le serpent, la souris, l'araignée, le chien, et l'âne **sont tous morts** dans l'incendie. Le mouton **a été sauvé** par les gens venus aider. L'oiseau **a expliqué alors** à tous : "Je **voulais** juste que quelqu'un aide à empêcher le serpent de manger mes œufs, mais personne **n'a voulu** m'aider. Maintenant, voyez les conséquences. Vivre en paix est important. Les problèmes n'arrivent jamais seuls !"

**Compréhension de texte - cochez la réponse correcte :**
1. b) Il les mangeait.
2. b) Parce qu'elle ne se sentait pas concernée par le problème.
3. c) Elle a dit qu'elle ne pouvait pas aider de peur d'être tuée.
4. b) Le mouton
5. b) Tous les animaux, y compris la vieille dame, sont morts.
6. b) Le mouton

## L'orphelin et les méchants villageois
### (Conte du Mali)

Il **était** une fois, dans un petit village, un homme très riche qui **avait** beaucoup d'animaux comme des vaches, des chèvres et des moutons. Cet homme n'**avait** qu'un fils, un petit garçon. Sa maman était morte quand il **était** bébé. L'homme riche **était** très vieux et il **savait** qu'il allait bientôt mourir. Il **se demandait** qui pourrait aider son fils pour ne pas être mangé par de méchants vers qui vivaient près des rivières où le garçon **emmenait** boire les animaux. Il **pensait** que les gens du village ne voudraient pas aider son fils. En fait, il **craignait** que, à sa mort, ils prennent ses animaux.

Alors, l'homme **a confié** son fils à un grand arbre, un caïlcédrat, et lui **a demandé** de conseiller son fils. Après la mort du père, le fils **demandait** chaque matin à l'arbre où il **devait** emmener ses animaux pour qu'ils boivent de l'eau sans danger. L'arbre lui **disait** toujours où aller pour éviter les vers dangereux.

Mais les gens du village, jaloux et curieux de savoir pourquoi le garçon ne **se faisait** jamais attaquer par les vers, **ont découvert** le secret de l'arbre. Ils **ont coupé** l'arbre, l'**ont brûlé** et **ont jeté** ses cendres dans la rivière.

Le lendemain, quand le garçon **est venu** demander conseil à l'arbre, il n'**était** plus là. Le garçon **était** très triste, mais il **a chanté** sa chanson quand même. C'est une tourterelle qui lui **a répondu** et lui **a donné** des conseils cette fois. Encore une fois, le garçon **est revenu** chez lui sans problème.

Les villageois **étaient** surpris et en colère. Ils **ont demandé** au chasseur de tuer la tourterelle. Mais il **n'a jamais réussi**. Il est **devenu** fou et court encore aujourd'hui et essaie de tirer sur le ciel parce qu'il croit que la tourterelle est là.

Depuis ce jour, les gens sages disent toujours à leurs enfants de ne jamais faire de mal à une tourterelle.

**Compréhension de texte - Vrai ou Faux ?**
1. **Faux** - L'homme riche possédait des vaches, des chèvres et des moutons.
2. **Vrai** - Le fils a été confié à un grand arbre par son père.
3. **Faux** - La mère du petit garçon était morte quand il était bébé.
4. **Faux** - Les gens du village n'étaient pas sympathiques et serviables envers le garçon et son père; ils étaient jaloux et curieux.
5. **Vrai** - L'arbre a été détruit par les villageois parce qu'ils étaient curieux et jaloux.
6. **Faux** - Le garçon a chanté sa chanson même après la perte de l'arbre.
7. **Faux** - Après la mort de l'arbre, une tourterelle a pu conseiller le garçon.
8. **Faux** - Le chasseur n'a pas réussi à tuer la tourterelle sur ordre des villageois.

## Le jeune homme et le lion
### (Conte de Mauritanie)

Il **était** une fois un jeune homme de la ville qui **n'avait jamais quitté** sa ville. Il **a décidé** un jour de visiter le village de ses parents, un petit village caché dans la campagne, près d'une grande forêt pleine d'animaux sauvages, même des lions. Le jeune homme **n'avait jamais vu** de lion, ni à la télévision, ni en photo, parce que ces technologies **n'étaient pas encore arrivées** dans son temps. Les villageois **évitaient** la forêt à cause des lions. On **disait** même que quand les lions **rugissaient**, les portes des maisons **se fermaient** brusquement, les objets comme les canaris et les marmites **tombaient**, et tout le monde **se cachait** chez soi. Un matin, le jeune homme de la ville, nommé Demba, **est arrivé** au village de ses parents. Il **a rapidement trouvé** des amis. Il **aimait** surtout Fatou, une belle jeune fille qui **était** une cousine éloignée. Ils **ont décidé** de se marier et, après leur mariage, Demba **est retourné** en ville. Un an plus tard, Demba **a voulu** s'installer définitivement au village avec Fatou et leur enfant. Pour célébrer son retour et prouver son courage, il **a proposé** à sa femme de faire une promenade dans la forêt. Fatou **était** choquée : "Tu es fou ? Les lions vont nous manger !" "Tu vas voir, je suis un vrai homme, pas un lâche. Viens avec moi et amène notre fils," **a répondu** Demba. Fatou **a hésité** mais **a suivi** son mari. Près de la forêt, tout à coup un chacal **est apparu**. Demba **a crié** : "Voilà, même les lions s'enfuient quand ils me voient." "Mais ce n'est pas un lion, c'est un chacal," **a corrigé** Fatou. "Qu'est-ce que ça peut faire ?" **a répondu** Demba. Peu après, une hyène **a croisé** leur chemin. Demba, excité, **a crié** : "Voilà un lion, il est bien plus grand !" "Calme-toi, c'est juste une hyène," **a expliqué** Fatou. Ils **ont marché** longtemps sans voir de lion. Fatigués, ils **ont décidé** de se reposer sous un arbre. Pendant qu'ils **dormaient**, un lion **s'est approché** d'eux. Le bébé **s'est réveillé** le premier et **a commencé** à jouer avec la queue du lion. Quand Fatou **s'est réveillée**, elle **a vu** son enfant jouer avec le lion, elle **a réveillé** Demba en panique : "Notre enfant est en danger, il joue avec le lion !" Demba, quand il **a vu** l'animal, **a demandé** : "C'est ça, un lion ?" "Oui, c'est ça," **a confirmé** Fatou. "Tu vas sauter sur lui ?" Demba **a fait** non de la tête et **a retroussé** les manches de sa chemise. "Tu vas le frapper avec un bâton ?" **a demandé** à nouveau Fatou. Il **a fait** non de la tête et **a dit** à Fatou : "Donne-moi la main." "Tu vas fuir ?" **a demandé** Fatou. "Oui, s'il plaît à Dieu," **a répondu** Demba. "Et notre fils ?" **a demandé** Fatou, inquiète. "On va en faire un autre," **a répondu** Demba, déjà en train de courir. Heureusement, ce **n'était** pas un lion mais une lionne, qui **a même donné** un peu à boire de son lait au bébé.

**Compréhension de texte - cochez la réponse correcte :**
1. c) Pour découvrir le lieu d'origine de ses parents.
2. c) Les portes des maisons se fermaient brusquement et tout le monde se cachait.

3. d) a) et b) sont correctes.
4. b) En proposant à sa femme de faire une promenade dans la forêt.
5. b) Il joue avec la queue du lion.
6. b) Il choisit de fuir avec sa femme en laissant derrière eux leur enfant.

## Le rire du phacochère
### (Conte du Mali)

Dans la forêt, le lion **était** le roi de tous les animaux. Il **était** juste et gentil. Un jour très triste la maman du lion, la Reine Mère, **est morte**. Pour son enterrement, le lion **a demandé** à tous les animaux de venir pleurer. Que vous **vouliez** pleurer ou pas, il **fallait** montrer que vous **étiez** tristes en pleurant. La hyène **a pleuré** beaucoup. L'éléphant, lui aussi, **a pleuré** beaucoup. Le phacochère **a crié** très fort parce qu'il **était** très triste. En fait, presque tous les animaux **étaient** là pour pleurer la Reine Mère. Mais, un animal **manquait**, celui qui **pensait** être le plus intelligent de tous parce qu'il **avait** de grandes oreilles.

C'**était** le phacochère qui **a remarqué** qu'il **manquait** quelqu'un. Il **est allé** le dire au roi lion, en pleurant encore plus fort : "Oh roi, regarde ! Moi, je suis là en train de pleurer pour ta maman. L'éléphant est là aussi, en train de pleurer. La girafe et même la petite pintade pleurent pour ta maman. Mais il y a quelqu'un qui n'**est pas venu** et qui est même content que ta maman soit morte."

Le lion **s'est mis** très en colère et **a demandé** : "Qui est-ce ? Dis-moi vite !" "C'est le petit lièvre", **a dit** le phacochère. "Il est content que ta maman soit morte." Le lion **s'est mis** plus en colère et **a ordonné** : "Il faut m'amener le petit lièvre tout de suite, mort ou vivant !"

La petite pintade, qui **était** amie avec le petit lièvre, **est allée vite** le prévenir. Elle lui **a dit** que le phacochère l'**avait accusé** et qu'il **devait** vite faire quelque chose s'il ne **voulait** pas être mangé tout cru.

Le petit lièvre **a remercié** son amie et lui **a dit** de retourner à l'enterrement pour voir comment il **allait** s'en sortir. Ensuite, le petit lièvre **a pris** son tambour et **est allé** jouer devant le roi. Il **a chanté** et **a dit** que la pintade **pleurait** pour la Reine Mère mais qu'il **fallait** regarder le phacochère, qui **montrait** ses dents comme pour se moquer.

Le lion **a regardé** le phacochère qui tout à coup **a essayé** de cacher ses dents mais sans vraiment y réussir, parce qu'on ne peut pas cacher son identité. Le lion **a pensé** que le phacochère **se moquait** de lui et **s'est jeté** sur lui, l'**a griffé** et l'**a mordu** jusqu'à lui enlever tous ses poils. C'est pour cette raison que, même aujourd'hui, les vieux phacochères n'ont pas de poils sur la peau.

## Compréhension de texte - cochez la réponse correcte :

1. b) Le lion
2. c) Pour l'enterrement de la Reine Mère
3. c) Le phacochère
4. b) Le petit lièvre
5. c) Il a joué du tambour et en chantant devant le roi
6. b) Parce qu'ils ont été griffés et mordus par le lion

## La jeune femme, la tourterelle et le vieux caïman
### (Conte du Mali)

Youma était une jeune femme qui **avait perdu** sa mère à sa naissance. Elle **était** orpheline. Quand elle **était** très jeune, elle **s'était mariée** à un homme très jaloux. Cet homme **était** tellement jaloux qu'il **avait décidé** de vivre seul, loin de tout, dans la forêt. Chaque soir, quand il **rentrait** de la chasse, il **battait** Youma. Un soir, il **a été** encore plus cruel. Après l'avoir battue, il **a pris** son fusil et **a menacé** de la tuer. Youma **avait** très peur et elle **a décidé** de fuir dans la nuit. Elle **voulait** retourner dans le village de ses parents. Mais il y **avait** un grand problème : un grand fleuve **séparait** le village de ses parents de la maison de son mari. Dans ce fleuve **vivait** un vieux caïman qui **mangeait** les gens. Personne ne **pouvait** traverser le fleuve la nuit sans être mangé par le caïman. Youma **est arrivée** au bord du fleuve. Elle **pleurait** et **avait** très peur. Tout à coup, elle **a vu** quelque chose bouger dans l'eau. C'**était** le vieux caïman. Il **s'est approché** de Youma et lui **a dit** de monter sur son dos pour la transporter de l'autre côté. Youma, **est montée** sur le dos du caïman. Il l'**a transportée** de l'autre côté du fleuve. Quand ils **sont arrivés**, le caïman lui **a dit** de garder le secret. Youma **est retournée** chez ses parents. Sa belle-mère, son père, les anciens du village et les jeunes lui **ont demandé** comment elle **avait traversé** le fleuve. À chacun, Youma **a répondu** : "Personne ne m'**a aidée**." Mais un jour, un ami d'enfance lui **a posé** la même question. Elle lui **a confié** que c'**était** le vieux caïman qui l'**avait aidée**, mais elle lui **a demandé** de garder le secret. Ce que Youma **ne savait** pas, c'**était** qu'une petite tourterelle l'**observait**. Cette tourterelle **savait** tout sur l'accord avec le caïman. Quand Youma **a dû** retourner chez son mari, elle **s'est retrouvée** seule au bord du fleuve, en pleine nuit. Elle **était** là, debout, et ne **savait** pas comment traverser. Soudain, le vieux caïman **est venu**. Il **a nagé** vers Youma et **semblait** prêt à l'aider une nouvelle fois.

Pendant ce temps, perchée sur une branche d'arbre, la petite tourterelle **chantait** doucement. Son chant **racontait** l'histoire de Youma : comment elle **était arrivée** au fleuve, comment le vieux caïman l'**avait aidée** et comment elle **avait révélé** le secret à son ami. La tourterelle **chantait** : "Son père lui **a demandé**, elle **a dit** : 'Personne'. Sa mère lui **a demandé**, elle **a dit** : 'Personne'. Les anciens l'**ont interrogée**, toujours 'Personne'. Mais quand son ami lui **a demandé**, elle **a révélé** : 'C'est le vieux caïman lui-même qui m'**a aidée** !'" Quand il **a entendu** ce chant, le vieux caïman **a dit** à la tourterelle : "Ton chant est très beau, mais je l'entends que d'une oreille. Si tu t'assieds sur ma langue, je pourrai l'entendre avec mes deux oreilles." La tourterelle, naïve, **a cru** le caïman. Elle **a sauté** sur sa langue pour continuer son chant. Mais dès qu'elle **a commencé** à chanter, le caïman **a fermé** sa bouche et l'**a mangé**. Après cela, le vieux caïman **s'est tourné** vers Youma et lui **a dit** : "Monte, ma fille. Je vais te transporter de l'autre côté du fleuve." Youma **est montée** sur le dos du caïman, et il l'**a emmenée** en sécurité de l'autre côté du fleuve.

Le caïman **a alors aidé** Youma à traverser le fleuve. Il lui **a donné** des trésors et **a averti** son mari de ne plus jamais la maltraiter. Youma **est devenue** riche et puissante.

77

**Compréhension de texte - Vrai ou Faux ?**

1. **Vrai** - Youma était une jeune femme semi-orpheline.
2. **Faux** - Youma a décidé de fuir son mari après qu'il l'a menacée de mort.
3. **Vrai** - Le vieux caïman a aidé Youma à traverser le fleuve,
4. **Vrai** - Sa belle-mère, son père et les autres du village lui ont tous demandé comment elle avait traversé le fleuve.
5. **Vrai** - Youma a révélé le secret à son ami d'enfance sur l'accord avec le caïman.
6. **Faux** - La tourterelle a été mangée par le caïman après avoir été trompée pour s'asseoir sur sa langue, donc elle n'a pas continué son chant.
7. **Vrai** - Après avoir mangé la tourterelle, le vieux caïman a aidé Youma à traverser le fleuve une deuxième fois.
8. **Vrai** - Le caïman a averti le mari de Youma de ne plus jamais la maltraiter.
9. **Vrai** - Youma est devenue riche et puissante après l'aide du caïman.
10. **Faux** - Youma n'a révélé le secret qu'à son ami d'enfance et a demandé de le garder. Il n'est pas indiqué qu'elle a révélé le secret à tout le monde dans le village.